新编中等职业教育

旅游类专业 系列教材

旅游礼仪

主　编　杨红波

副主编　王雪梅　彭声堃

重庆大学出版社

内 容 提 要

　　为了加强旅游行业的礼仪职业教育,培养高素质的专业人才,本书以旅游行业主要岗位礼貌礼节的内容为主题,分别对"酒店、旅行社、办公室职员、旅游营销人员、空港服务人员"等方面的礼仪规范作了详细的介绍,同时强化了"礼的相关概念、国际礼宾基础知识、主要客源国、四大宗教及我国主要少数民族的礼仪禁忌",增加了"旅游行业常用中英文礼仪规范及礼貌用语"等内容,是一本集"适用与简洁、规范与新颖"为一体的现代旅游职业教育的教学及指导用书。

图书在版编目(CIP)数据

旅游礼仪/杨红波主编.—重庆:重庆大学出版社,
2009.1(2020.8 重印)
　(新编中等职业教育旅游类专业系列教材)
　ISBN 978-7- 5624- 4650-7

　Ⅰ.旅…　Ⅱ.杨…　Ⅲ.旅游业—礼仪—专业学校—教材
Ⅳ.F590.63

中国版本图书馆 CIP 数据核字(2008)第 142932 号

新编中等职业教育旅游类专业系列教材
旅游礼仪
主　编　杨红波
副主编　王雪梅　彭声堃
责任编辑:顾丽萍　　版式设计:顾丽萍
责任校对:文　鹏　责任印制:张　策
*
重庆大学出版社出版发行
出版人:饶帮华
社址:重庆市沙坪坝区大学城西路 21 号
邮编:401331
电话:(023) 88617190　88617185(中小学)
传真:(023) 88617186　88617166
网址:http://www.cqup.com.cn
邮箱:fxk@ cqup.com.cn(营销中心)
全国新华书店经销
POD:重庆新生代彩印技术有限公司
*
开本:720mm×960mm　1/16　印张:13　字数:233 千
2009 年 1 月第 1 版　　2020 年 8 月第 7 次印刷
ISBN 978-7-5624-4650-7　定价:35.00 元

随着现代经济的发展,旅游业已成为全球经济中发展势头最强劲和规模最大的产业之一。在1996—2006年的10年时间里,全世界旅游业保持着良好的发展态势,国际旅游接待人数与国际旅游收入的年均增长率分别为4.6%和6.1%。2006年全球接待国际游客总数达到8.42亿人,同比增长4.5%。全球旅游业的发展达到了一个前所未有的高度。根据世界旅游组织预测,从现在起到2020年,全球国际旅游人数年增长率可望保持在4%的水平,旅游业发展前景将继续展现出良好的发展态势。

在中国,旅游业已成为经济发展的支柱性产业之一。自1996年以来中国旅游业的增幅保持在10%左右,高于全球增幅3~5个百分点,在国民经济中占有一席之地。据预测,到2015年,中国旅游业增加值可达2万亿元,约占GDP的4.8%;旅游业约占服务业增加值的11%;旅游直接与间接就业总量将达1亿人左右。根据中国旅游业快速发展的态势,世界旅游组织预测中国将成为世界第一旅游大国的时间,已由2020年提前到2015年。

在全球旅游业快速发展的推动下,在中国旅游业强劲发展势头的带动下,在国家大力发展职业教育的号召下,旅游职业教育的提升与更新亦呼之欲出,尤其在中国旅游业迎来了行业发展的提升期之际,由拥有良好旅游资源的中西部地区的旅游职业学校共同推出的这套系列教材,无疑将对中国旅游职业教育的发展和旅游业人才的培养产生深远的意义。

该套教材坚持以就业为导向、以人的全面发展为中心,既注重了内容的实用性和方法的可操作性,又对教学资源进行了立体化开发,使教与学更加灵活,体现了旅游业发展的实际要求,是一套理论与实际相结合的旅游专业教材,也是旅游工作者的重要参考书。

值此套教材出版之际,欣然为之作序。

2008年2月

礼仪是一个人、一个组织乃至一个国家道德修养和文明程度的标志。随着对外交往的增多、国际礼仪的普及以及礼仪教育的发展，使学习礼仪文明成为我国素质教育中的核心课题。现在的礼仪书籍种类繁多，怎样让这本《旅游礼仪》既能突出重点又能使读者读之有趣呢？根据本书的读者群及职业教育的特点，我们按各个旅游主要行业的岗位特点进行了编排，并加上了插图。希望读者能轻松愉快地阅读这本书，学到常用的礼仪知识，并能有所感悟，成为一个真正有礼仪修养的人。

本书主编杨红波（云南省旅游学校），副主编王雪梅（云南省旅游学校）、彭声堃（四川省旅游学校）。具体编写人员为：杨红波（第5章、第8章、附录一、附录二及总审），王雪梅（第1章、第4章），袁浩镛（云南省旅游学校，第3章、第7章、附录二），彭声堃（第2章、附录一），陈熙（云南省旅游学校，第6章），雷英（长沙理工大学，附录一），马进（云南艺术学院，书中漫画）。

特别鸣谢：云南省外办礼宾处的金晶女士给予"国际礼宾常识"的指导。

在该书的编写过程中，我们参阅了大量的书籍和资料，在此谨向这些书籍的作者们深表谢意。由于编者水平有限，书中难免会有缺憾和不足，恳请广大读者给予指正。

编　者
2008 年 9 月于春城

第1章
绪论

【本章导读】

现代社会对公民文明素质的要求越来越高,而旅游服务作为"窗口"行业,它对员工礼貌礼节的要求就更为重要。

本章通过对礼的含义和特征、礼的产生和发展、礼的本质和意义及礼貌修养等内容的简要介绍,使读者了解礼的含义,掌握什么是礼、礼貌、礼节、礼仪及它们的联系与区别,目的是让我们学习这门课程的时候,对"礼"的相关知识有总的印象和认识。

【关键词】

礼 礼貌 礼节 礼仪 礼貌修养

1.1 礼的含义和特性

1.1.1 礼的含义

1)什么是礼

礼是表示"敬意"的通称,它是人们在社会生活中处理人际关系并约束自己行为以示尊重他人的准则。"礼"属于道德的范畴,是社会公德中极为重要的部分。"礼"渗透于人们的日常生活中,体现着人们的道德观念,决定着人们交往的准则,指导着人们的行动。在社会生活中,人人以礼相待,互尊、互爱、互谅,并成为自觉的行动,这是社会文明进步的表现。

"礼"包含了"礼貌"、"礼节"和"礼仪"。

2)什么是礼貌

礼貌是人们在交往时,相互表示敬重和友好的行为规范,是一个人在待人接物时的外在表现,它主要通过言语和动作表现对人的恭敬,体现了时代的风尚与道德水准,体现了人们的文化层次和文明程度。在旅游接待工作中,礼貌表现在员工的举止、仪表、语言上,表现在服务的规范、程序上,表现在对客人的态度上。一个微笑,一个鞠躬,一声"您好",都是礼貌的具体表现。

良好的教养和良好的道德品质是礼貌的基础。有教养的人讲究礼貌是出于自然。作为旅游工作者,应该自觉培养和训练自己良好的礼貌习惯。

3)什么是礼节

礼节是人们在日常生活中,特别是在交际场合相互表示尊敬、问候、祝福、致意、慰问、哀悼,以及给予必要的协助与照料的惯用形式。在日常生活中,朋友生日,对他说一句"生日快乐",或给他送上生日贺卡、一束鲜花或一个生日蛋糕等,这都是礼节。在外交活动中,重要外宾来访,有关领导成员要迎送、宴请、会见、拜访等,这都是礼节。

国际上,由于各国的风俗习惯和文化传统的不同,具体礼节的表现是有明显差异的。例如,握手、点头、鞠躬、合十、拥抱等,都是礼节的表现形式,使用时均存在着各国、各地区、各民族不同的习惯。在旅游服务中,必须十分注重不同礼节甚至同一礼节的具体应用,以避免出现"失礼"行为。

4)什么是礼仪

礼仪是在较隆重的场合,为表示尊重和敬意而举行的礼宾仪式。如在社会活动中,展览会、博览会开幕,高速公路、铁路、大桥通车的剪彩仪式,大型工程的奠基仪式,都是礼仪。在外交活动中,为国家元首、政府首脑的正式访问而举行

隆重的迎送仪式也是礼仪,这种礼仪,在礼遇规格和礼宾次序上都有更严格的要求。例如,外国元首到中国访问时,给他献花,在他行走的通道上铺上红地毯、奏国歌、升国旗等,都是较大、较隆重的礼仪活动。

5)礼、礼貌、礼节、礼仪的联系与区别

(1)礼、礼貌、礼节、礼仪的联系

①礼,包含礼貌、礼节、礼仪,其本质都是表示对人的尊重、敬意和友好。

②礼貌、礼节、礼仪都是礼的具体表现形式。

(2)礼、礼貌、礼节、礼仪的区别

①礼貌是礼的行为规范。

②礼节是礼的惯用形式。

③礼仪是礼的较隆重的仪式。

④懂礼貌而不懂礼节是失礼的,懂礼节而内心无诚意也是失礼的。

1.1.2　礼的特性

在了解了礼的含义之后,为了进一步认识礼,有必要了解它的特性。一般来说,"礼"具有以下特性:

1)国际性

"礼"作为一种文化现象,它不是哪一个国家所独有的,而是属于全人类所

共有的。"礼"伴随着人类的产生和发展而变化,并随着交际方面的需要把一些共同的东西保持下来,构成了国际礼节和礼仪,被各国人民加以承认和运用。礼跨越了国家和民族的界限,成为全人类所拥有的宝贵财富。例如:微笑在全世界任何地方,都是对人友好的表现。

2)民族性

一个国家、一个民族的礼是约定俗成的,它总是从各个方面反映这个国家、民族的文明、文化和社会风尚。因此,礼有着明显的民族特色。例如谈到施礼方式,东方民族较保守,习惯握手和鞠躬;而西方民族较开放,习惯拥抱和接吻等。

3)传统性

礼作为人类文明的产物,同人类创造的所有文明一样,具有传统性,它是各国、各民族世代相传、具有特点的社会因素。从古至今,尽管各国都出现改朝换代,社会变迁,但是礼作为民族优秀文化的精髓,却被保存和继承下来,并发扬光大。例如尊老爱幼、相敬如宾等,都是我国的传统美德。

4)时代性

礼是时代的产物,它不是一成不变的,它是随着社会的进步而进步,随着时代的发展而发展的。古今中外,社会的每一次重大变革,也必然带来礼貌、礼节、礼仪的多方面的深刻变化。每个时代的礼都是这个时代的政治、经济、文化、道德等各个方面的反映。例如古代中国人的婚姻是指腹为婚、媒妁之言,而现代的中国人是不可能再接受这样的婚姻模式,取而代之的是自由恋爱。

1.2　讲究礼貌礼节的意义

讲究礼貌礼节是社会文明的一种体现,它不仅有助于维护整个社会的安定团结,而且也有利于和谐社会的建设。旅游业是一个国家的窗口行业,从业人员理应在讲究礼貌礼节方面为全社会做出榜样,在国内,代表企业和整个行业;在国际上,代表中华人民共和国,向五大洲的朋友展示我们中国人民讲究礼貌礼节的精神风貌。

为什么我们要讲究礼貌礼节呢? 其主要原因有以下4个方面:

①讲究礼貌礼节是建设社会主义精神文明的需要。讲究礼貌礼节是文明的行为,而文明行为是人类历史发展、进步的必然产物和自身要求。它标志着人类生活已摆脱了野蛮和愚昧,并且还在不断向更高层次上升。礼貌礼节反映了社

会的文明程度和公民的精神风貌，同时它又反作用于道德建设，促进了社会主义精神文明建设。

②讲究礼貌礼节是保障社会安定团结、促使人际关系和谐的需要。人们都希望自己能在安定、团结、祥和的环境和气氛中工作、学习、生活。如果动辄剑拔弩张，人际关系紧张，见面、相处、离别时连句客气话都不讲，人民内部之间的矛盾不能以心平气和、以理服人的方式去解决，大家工作起来就没有劲头可言，学习生活不会安心和有趣。因此，人人有责任作出努力，讲究礼貌礼节，使人际关系和谐，使全社会充满"人人为我、我为人人"的温馨氛围，从而保证社会的安定团结。

③讲究礼貌礼节是文明公民应有的行为规范。我们都清楚，人与动物的区别不仅在于人会说话、能劳动，更重要的是人是讲究礼貌礼节的。因此，在社会大家庭里每个人都应该学会尊重他人，对别人要有礼貌。我们知道人人都有自尊心，并希望别人尊重自己，希望自己在别人眼里，是一个温文尔雅、受欢迎的人。然而如果自己不注重讲礼貌礼节，甚至庸俗粗鲁、举止野蛮，那么就可能被别人瞧不起，更谈不上得到别人的尊重。因此，要成为一个受人欢迎和尊重的文明公民，就必须约束自己的言行，养成讲究礼貌礼节的好习惯，这是毋庸置疑的。

④讲究礼貌礼节是旅游业从业人员的基本素质要求之一。一个合格的旅游从业人员，除了必须具备良好的职业道德、丰富的业务知识、娴熟的服务技能和健康的体魄外，还应具备讲究礼貌礼节的基本素质。旅游服务质量不仅与拥有的各种设施、设备有关，与全体员工的业务技能技巧有关，更与服务接待工作中的礼貌服务有关。礼貌服务之所以如此重要，是因为只有做到礼貌服务才能使宾客满意，才有可能给宾客留下美好的印象，同时又能弥补某些设施条件方面的不足。反之，即使拥有先进完善的设施、设备，而服务人员却不能提供礼貌服务，宾客只得望而却步，客源肯定是愈来愈少，企业将会蒙受社会效益和经济效益的双重损失。

1.3　人际交往中的礼貌修养

1.3.1　礼貌修养的意义

修养，是指一个人在道德、学问、技艺等方面通过自己的刻苦学习、艰苦磨炼

以及长期陶冶,逐渐使自己具备某一方面的素质和能力。礼貌修养则是专指一个人在待人接物方面的素质和能力。

礼貌修养并不是每个人天生具备的。在社交场合和服务接待工作中,有些人彬彬有礼、诚恳自然,而有些人却态度生硬或矫揉造作,让人感到别别扭扭,自己还毫无觉察,误把失礼的行为当成有礼之举。这就说明有的人礼貌修养好,有的人礼貌修养不够,或根本缺乏礼貌修养。

旅游服务接待人员需要提高自身的礼貌修养,因为没有良好的礼貌修养就无法做到真正的礼貌待人或礼貌服务。

1.3.2 培养礼貌修养的途径

礼貌修养是通过有意识地学习、仿效、积累而逐步形成的。要培养自己良好的礼貌修养可以通过以下途径来实现:

①有德才会有礼,无德必定无礼,修礼宜先修德,即应在加强道德修养上下工夫。

道德是人类社会最高尚的品质,有道德的人,才会处处替别人着想,处理人际关系时,才会心胸博大、谦虚谨慎、待人恭敬而有礼,而不会自以为是、妄自尊大。如果没有崇高的道德,甚至连做人的一般道德都不具备,礼貌修养便无从谈起。

旅游行业从业人员还必须增强民族自尊心,培养爱国主义精神。服务接待工作中的礼貌服务不是机械的工作程序,也不是为了单纯取悦于宾客,而是为了通过我们彬彬有礼的服务,使宾客特别是外国宾客感到中国不愧是礼仪之邦,有

着优良的民族传统和文化。

②自觉学习礼貌礼节方面的知识,使自己在礼貌礼节方面博闻多识。

旅游服务接待工作人员懂得的礼貌礼节方面的知识越广博、越全面,他在待人接物时就越能应付自如、左右逢源。不同的国家,不同的民族,有着不同的习俗和礼貌礼节,因此要注意收集、学习、领会和实践我国及其他国家的礼貌礼节知识,久而久之,自己的礼貌修养也就能有一定的提高。

③广泛涉猎科学文化知识,充实自己。

现代社会的人仅仅停留在"扫盲"这样的水平是远远不行的,而应尽可能多地了解当今的科学知识,具备各方面的文化素养,这是人际交往的需要。一般来说,有教养的人大都是科学文化知识较为丰富的人,这种人思考问题周密、分析问题透彻、处理问题有方,在人际交往时能显出诱人的魅力。科学文化知识缺乏或什么都一窍不通的人,往往在与人交往时会显得"木讷",或给人以浅薄的印象。因此,要想把自己培养成一个懂礼貌讲礼节的人,就一定要学习科学文化知识。

④努力进行自我性情陶冶,纠正自己不文明、不讲礼貌的不良习气。

生活中,有人在某种场合很懂礼貌、很讲文明,而在另一些场合却显得粗野、庸俗。环境对人的影响很大,但礼貌修养好的人总能以严格的礼貌规范要求自己,即使遇到一些特殊场合,面对不讲礼貌的人,也能做到以礼待人。他们时时处处都能讲究礼貌,而不受环境的影响,这是他们自我性情陶冶的结果。

要自我陶冶性情就要在平时从一点一滴做起,用现代社会道德和文明的标准净化思想,不断完善自己,使自己的思想和行为符合现代文明的要求。

⑤积极参加社交活动,在实践中养成礼貌待人的习惯。

现代社会是人际交往广泛的社会,不但要广泛发展国内的人际交往,而且要扩大与世界各国人民的友好往来。参加社交活动多的人礼貌实践的机会也多,尤其在文明气氛比较浓的环境中接受熏陶,将更有利于培养良好的礼貌礼节习惯。要多实践,不怕出"洋相",也不要自卑羞怯。通过在社交活动中的不断锻炼,就能克服在讲礼貌礼节时的羞怯症、自卑症、妄自尊大症等,从而自觉地增强自己的礼貌修养。

对一个人来说,培养礼貌修养的过程实际上是在高度自觉的前提下使自己的整体素质提高的过程,所以这不是一朝一夕的事,只要肯下工夫,是能够逐步达到理想境界的。

1.3.3 人际交往中礼貌修养的基本准则

文明社会给人们造就一种安定、和谐的气氛,使人们心情舒畅,这是因为公众都注意遵守人与人交往的基本礼貌准则。我们按照这些准则去待人接物,养成了人们互相尊重、互相爱护的习惯,同时也为自己生活愉快创造了条件;反之,如果人们在处理相互关系时随心所欲,各行其道,甚至使生活、工作环境充满火药味,社会就会呈现一片混乱景象。因此,作为社会主义中国的文明公民,都应懂得并切实遵守人际交往中的基本礼貌准则。

人际交往中的基本礼貌准则归纳起来大致有以下几点:

1)遵守公德

公德,是指一个社会的公民为了维护整个社会生活的正常秩序而共同遵循的最简单、最起码的公共生活准则。在公共场所遵守公德,表现了人与人之间互相尊重及对社会的责任感,因此,遵守公德是文明公民应该具备的品质,也是一种礼貌行为。不遵守公德就是不尊重别人,同样也是不尊重自己,就是没有礼貌。

公德的内容,包括爱护公物、遵守公共秩序、救死扶伤、在邪恶面前主持正义等。在现实生活中可以看到,品德高尚的人讲礼貌,遵守公德;而讲礼貌、遵守公德的表现也说明一个人的品德。社会中的每一个人都应该自觉遵守社会公德。

2)守时守信

人际交往必须守时守信。守时,就是要遵守规定的时间和约定的时间,不可失约。守信,就是要讲信用,不可言而无信。失约和言而无信都是失礼的行为,是人际交往中普遍为人们所忌讳的。

在世界各国,美国、日本、德国等国家的人与他人交往时最讲究准时,他们认为不遵守时间就是对他人的不敬。例如有一次某涉外单位邀请一位美国教授讲课,教授每节课都准时到达,而听课者中却有一些人常常迟到,这位教授感到不可理解和不悦,造成了不良影响。在服务接待工作中,如果和宾客约定了服务时间,一般不能轻易更改,不得已要更改时也须提前告知并作解释,尽量避免给对方造成麻烦或使对方产生误解。

允诺帮助别人办事一定要慎重,自己办不到就不要轻易答应承办,不要开"空头支票",不要因为怕丢面子或不好意思拒绝客人、朋友的请求而勉强地答应,因为答应别人的事如果最终办不到比不答应更为丢面子和失礼。当然,能办

到的事一定要帮助别人去办,要乐于助人,不要怕麻烦。

3) 真诚友善

所谓人际交往时的真诚,是指在交往时必须做到诚心待人、心口如一,而不能虚情假意、口是心非。待人真诚的人会很快得到别人的信任;而与人交往时表里不一、口是心非、缺乏真诚的人,即使在礼貌礼节方面做得无可挑剔,最终还是不会取得别人信任的,倒有可能被认为是个"伪君子",造成正常的交往难以持续。

与人交往时,要从友善的愿望出发,不可心存恶意;不可有非分之想;不可猜忌别人或无端怀疑别人有什么不良企图;不可因为自己地位高,名望胜于人,年龄大于人,能力强于人而自视高人一等、盛气凌人;也不可嫉妒人或巴结人,更不可有势利眼。从善良的愿望出发,以诚待人,才称得上对别人的尊重和有礼,自己也能得到别人的信任和尊重。

4) 谦虚随和

人际交往中,要做到谦虚随和。谦虚,就是虚心,不自满;随和,指能顺应众人的意见而不固执己见,自私自利。

人际交往中,只有谦虚、不摆架子、不自以为是,才能使人感到容易接近,愿意与其交往;相反,有的人在交往中,自吹自擂,夸夸其谈,趾高气扬,卖弄自己博学多闻,这样往往会被人视为傲慢、不知礼,因而敬而远之。即使自己确实有比别人高明之处,在人际交往时也不可自视高明,因为这样会使别人觉得你看不起人而不愿接近你。有一些伟人,尽管有盖世之功,声名远扬,但他们还是平易近人,因而赢得人们由衷的爱戴和尊敬。在实际生活中,往往是越有修养的人,待人越谦虚;没有修养或缺乏修养的人,才喜欢在人前逞能、妄自尊大、目中无人。因此,要想在人际交往中获得成功,千万不要忘了"谦虚"这两个字。

5) 理解宽容

理解,就是懂得别人的思想感情,理解别人的观点、立场和态度,不但懂得别人的思想深处的东西,而且能体谅别人,心领神会别人的喜、怒、哀、乐。宽容,就是宽宏大量,能容人,能原谅别人的过失。

在人际交往和旅游服务接待工作中,最怕的就是互相缺乏理解,甚至产生误解。缺乏理解就无法沟通感情,产生误解则往往容易导致失礼,在交往者之间产生妨碍交流思想的隔膜,甚至会使关系僵化。

要宽容别人。在人与人交往时,如果出现意见对立或对方伤了你的自尊心、侵犯了你的利益,都要以宽大的胸怀容人。我们不能要求所接触的人都有使自己满意的处世方式,尤其是有的人缺乏礼貌修养,在待人接物时还会有并非出自

本意的不敬或失礼行为。遇到这些情况,如果不容人,则无法使交往继续进行,甚至造成很难弥合的感情裂痕。宽容别人,不但能显示出自己的良好修养,而且能感化行为不良的人。当然,宽容绝不是纵容,不是放弃原则的姑息迁就,不是做"老好人"。对于邪恶行为和故意寻衅滋事者不能一味讲宽容,而要有理有节地坚持说理。容忍邪恶,不但谈不上礼貌,就连道德和人格也丧失了。

6)热情有度

热情是指对人要有热烈的感情,使人感到温暖;有度是指对人热情要有一定尺度,既不可显得过于热情,也不能缺乏热情。

热情的人能使人觉得很容易接触,愿意与之接近交往。对待别人要有真诚的热情,而不能是虚假的热情。真诚的热情使人感到亲切自然,虚假的热情则往往使人感到肉麻、厌恶,不能接受。

与人交往的时候也不能过分热情,过分的热情会让人反感。实际生活中,常见的过分热情的现象有:与人交谈时,喜欢用过多的吹捧语言;不管他人是否愿意接受,勉强别人吃饭或玩耍;客人已是酒足饭饱,还不停地劝其继续吃喝等。过分热情会使别人陷于难堪境地,可能觉得你很虚假。旅游服务接待工作中的过于热情,容易使宾客产生你可能别有企图的看法,有损你的形象。因此,在待人接物时要注意用真诚的热情,要掌握一定的尺度,做到热情有度。

7)互尊互帮

互尊就是人与人之间要互相尊重;互帮就是人与人之间要互相帮助。

在人际交往中讲究礼貌,是为了表达对别人的尊重。实际上,尊重应该是相互的,你尊重别人,别人自然也就尊重你;你不尊重别人,你也就不会被尊重。一般人都希望别人尊重自己,因此人人都应该学会尊重别人。

人生在世,谁都会遇到困难。遇到困难时能得到他人的帮助,是莫大的慰藉;而帮助别人的人自然也会受到别人的感激和尊敬。帮助别人既是礼貌行为,也反映了一个人具有高尚的道德情操。我们应以助人为乐,以助人为荣。在别人有困难时,如果我们能够帮助别人,那么在我们有困难时别人也会帮助我们,这样全社会就会充满互助友爱、"我为人人,人人为我"的精神风貌。

实训指导

1.请同学们自己编写一段小品,揭示学校中存在的不文明现象,在班上演出,并请其他同学指出哪些是不文明的现象。

2.同学们在与父母相处时,往往会对父母的教育产生质疑,不理解父母对自己的要求和限制,就曾发生过的事写一篇感想。

思考与练习

1.什么是礼、礼貌、礼节、礼仪？它们的联系与区别分别是什么？

2.举例说明礼的特性。

3.联系自己所学的专业说说讲究礼貌礼节有什么重要意义？

4.什么是礼貌修养？结合自己说说自己在礼貌修养方面还存在哪些不足？

第 2 章
酒店服务接待礼仪

【本章导读】

酒店,是礼仪交往很重要的场合,酒店工作人员的服务接待过程,无不贯穿着礼仪规范。通过对本章内容的学习,我们认识到酒店服务接待礼仪在酒店工作中的重要性,了解服务接待礼仪在酒店重要岗位中的具体应用,掌握酒店重要岗位服务接待中的礼仪规范和技巧,才能使我们在酒店这个多彩的"小社会"中展示才华,更好地服务于客人。

【关键词】

仪容仪表　化妆　仪态　礼貌语言　前厅接待礼仪　客房服务礼仪规范　餐厅服务礼仪规范

2.1　酒店职业形象

酒店工作人员是酒店服务接待活动的灵魂,其仪容、仪表、仪态、礼貌语言,对树立良好的个人形象和组织形象,建立成功的对客关系,都会产生影响。因此,酒店服务接待人员必须把个人的仪容、仪表、仪态、礼貌语言,当做一种职业规范和要求加以重视,从一点一滴做起。

2.1.1　仪容仪表的要求

仪容、仪表的好坏,与维护企业整体形象密切相关。通过化妆和恰当的修饰,可以改善静态的容貌;通过美好的表情,可以改善动态的仪容;通过制度的完善和执行,可以促进员工养成良好的仪容仪表规范。

酒店工作人员仪容的基本要求是:表情自然,有亲和力;面部干净整洁,无异物;随时保持手部卫生、口腔卫生、头发整洁;男性定时剃须,女性化淡妆等。

1)恰当的表情可以改善仪容

仪容的整洁卫生、修饰适度是静态的,而动态的面部表情可以传递人的情绪和情感。在服务中,表情非常重要,具体应注意以下几点:

①要面带微笑,和颜悦色,给人以亲切感;不能面孔冷漠,表情呆板,给人以不受欢迎感。

②要聚精会神,注意倾听,给人以受尊重之感;不要没精打采或漫不经心,给人以不受重视感。

③要坦诚待人,不卑不亢,给人以真诚感;不要诚惶诚恐,唯唯诺诺,给人以虚伪感。

④要沉着稳重,给人以镇定感;不要慌手慌脚,给人以毛躁感。

⑤要神色坦然,轻松自信,给人以安慰感;不要双眉紧锁,满面愁云,给人以负重感。

⑥不要带有厌烦、僵硬、愤怒的表情,不要扭捏作态,做鬼脸,吐舌眨眼,给人以不受敬重感。

2)服务接待人员要懂得美容化妆知识

美容化妆是整体形象设计艺术,具体是对面部、发型等的一种修饰与造型,是一种对美的挖掘与发现。

酒店的女性从业人员,一般要求化淡妆上岗。职业淡妆其实不是千篇一律的,而是因人而异、扬长避短的。职业淡妆体现了服务人员自尊自爱、爱岗敬业的职业素养。它不仅是美化环境和营造气氛的需要,亦是对顾客的尊重。

服务人员的化妆,从本质上讲是一种工作妆。总的原则是突出清丽俊秀,典雅大方,出于自然而高于自然,始于原型而美于原型;遵守简洁庄重、扬长避短的原则,尽量地接近生活。具体方法大致是:

①打粉底,可以调整面部肤色,使之柔和美化。选择适量粉底霜,用化妆棉细致均匀地涂抹,注意粉底霜与肤色的反差不宜过大,面部与颈部反差也不应太大。

②画眼线,可以使眼睛生动有神,并且更富有光泽。眼线由粗到细,由浓到淡。上下眼线不可在外眼角处交会,上眼线从内眼角向外画,下眼线从外眼角向内画。注意一气呵成,使之生动而不呆板。

③施眼影,可以强化面部立体感,使双眼明亮传神。选择对个人肤色适中的眼影,由浅而深,施出眼影的层次感。注意眼影色彩不宜过分鲜艳,化工作妆,可选用浅咖啡色眼影。

④描眉形,可以突出或改善个人眉形以烘托容貌。拔除或修剪杂乱无序的眉毛,沿眉毛走向描眉形,应注意使眉形具有立体感。

⑤上腮红,使面颊更加红润,轮廓更加优美,显示健康活力。选择适宜腮红,延展晕染腮红,扑粉定妆。注意使腮红与唇膏或眼影属于同一色系,注意腮红与面部肤色过渡自然。

⑥涂唇彩,改变不理想唇形,使双唇更加娇媚。先画唇线,再涂唇膏,先描上唇,后描下唇。注意检查一下牙齿上有无唇膏的痕迹。

实际上,有些步骤还可以视具体情况简略,甚至有些部位可不作修饰。

3)仪容仪表要做到"五勤"

"五勤"即勤洗澡、勤换衣、勤理发、勤剪指甲、勤漱口。

员工身着制服要整齐干净,纽扣要齐全并扣好,不可敞胸露怀、衣冠不整;上岗时,工号牌佩戴在左胸前;不能将衣袖、裤子卷起;女员工穿裙子时不可露出袜子口,且应穿肉色袜子;男员工穿黑鞋、黑袜,皮鞋要保持光亮;男士不留长发,头发不触及耳部及后衣领;女士不留怪异发型,头发要梳洗整齐,不披头散发;指甲要常修剪,不留长指甲,不涂有色的指甲油;所有员工必须注意个人卫生,男士要坚持每天刮胡子,鼻毛不能露出鼻孔;男女员工不佩戴夸张的手镯、手链、戒指、耳环和头饰,男女均不准戴有色眼镜等。

2.1.2 仪态的要求

得体的服饰能美化人的容貌,而人的形体则是服饰的载体,体态的好坏直接影响衣着的效果。一个精神萎靡不振、体态疲沓的人即使穿戴满身名牌也不能使人悦目。而注意形体美的人,能使身上的着装更添光彩。显然,酒店服务接待人员应当培养并具有端庄优雅的仪态。具体要求如下:

1)站姿

站立时要端正,要求挺胸收腹,目光平视,嘴角微翘,面带微笑,双臂自然下垂或在身体前交叉;双手不叉腰,不插于口袋,不抱在胸前;站立时,身体不东倒西歪,不要倚墙而立。

2)坐姿

就座时姿态要端正。入座轻缓,上身正直,人体重心垂直向下,腰部挺起,脊椎向上伸直,胸部向前挺,双肩放松。躯干、颈、胯、腿和脚正对前方。手自然放在双膝上,双膝并拢。目光平视,面带笑容。坐时不要把椅子坐满,但也不要坐在椅子的边沿上。

就座时应避免以下几种姿势：

①坐在椅子上前俯后仰，摇腿或跷脚。

②将脚跨在桌子或沙发扶手上，或架在茶几上。

③双手抱在胸前、跷二郎腿或半坐半躺。

④坐着并趴在工作台上。

3）走姿

行走时，肩要平，身要直，昂首挺胸收腹；行走时不要扭腰扭臀，不可摇晃头脑、吹口哨、吃零食，不要左顾右盼，不要手插口袋里或打响指；不与他人拉手、搂腰搭背，不奔跑，不跳跃行走。

4）手势

手势使用时要求规范、准确、适度。如给人指引方向时，要把手臂伸直，手指自然并拢，手掌向上，以肘关节为轴，指向目标，同时眼睛要看着目标并兼顾对方是否看到指示的目标。谈话时手势不宜过多，幅度不宜过大，否则会有画蛇添足之感。一般说来，在介绍、引路、指示方向时，都应手掌心向上，上身稍前倾，以示敬意；手掌心向上的手势是虚心的、诚恳的，严禁以手指或物品尖端指向别人。

2.1.3　礼貌语言的要求

酒店服务接待工作，每天必须和形形色色的人打交道，每一件工作的完成、每一件事情的处理，都必须以语言作为沟通的媒介。语言能力强的员工，常常可以在工作中与顾客很好地沟通与交流，从而向顾客提供称心、满意的服务；反之，就会在接待与服务工作中无所适从、顾此失彼，甚至造成误会。俗话说："良言一句三冬暖，恶语伤人六月寒。"良好的语言修养是酒店工作者必备的专业素质。

礼貌服务用语的内容主要包括：表示尊敬、恭敬的敬语；表达谦恭和自谦的谦语；表达祝福的问候语以及致谢语、赞赏语、征询语等。在服务接待中运用礼貌语言时必须体现"以宾客为中心"的原则，讲求言辞的礼貌性；同时要多用赞美性、认同性的语言，忌用批评、命令和指责性的语言，要遵循"赞誉准则"。正如美国心理学家威廉·詹姆士所说："人的本性上最深的企图之一，是期望被钦佩、赞美、尊重。"可见，被赞美是人们"求尊重"心理的一个重要方面，能起到缩短彼此之间心理距离、沟通双方内心情感的作用。

工作在第一线的酒店工作者直接与客人接触，不论在什么岗位上都应该常

用以下 11 个词:"请"、"您"、"谢谢"、"对不起"、"请原谅"、"没关系"、"不要紧"、"别客气"、"您早"、"您好"、"再见"。

酒店工作者注重仪容、仪表、仪态和礼貌语言是对客人的尊重,可以缩短与客人沟通交流的距离,有利于服务技能的较好发挥;同时也是企业与个人形象的展现,是企业流动的名片,有利于企业文化的建设;不仅会使客人赏心悦目,而且有利于服务人员信心倍增,充满活力,给客人留下良好印象。

2.2 前厅接待礼仪规范

酒店的前厅,是宾客最先抵达和最后离开饭店必经的工作区域,是宾客对饭店形成"第一印象"和"最后印象"的地方。因此,前厅是饭店与宾客之间的桥梁,前厅的服务工作是饭店的"门面"工作。由此可见,前厅服务中的礼仪是非常重要的。

2.2.1 应接员

应接员的主要职责是负责迎送来往酒店的客人,在服务中应该做到:

①服饰挺括、华丽,仪容端庄大方,精神饱满地站立在正门前,恭候宾客的光临。

②宾客乘车(包括步行)抵达时,要立即主动迎上,引导车辆停妥,接着一手拉开车门,一手为客人护顶,以免客人碰头。但对佛教界人士则不能护顶,会被认为遮了"佛光",是不尊重人的行为。

③问候客人要面带微笑,热情地说:"您好,欢迎光临!"并躬身致礼。对常住客人切勿忘记称呼他的姓氏与职务,如"史密斯先生"、"王经理"等。

④下雨天,要为客人撑伞,以免宾客被雨淋湿。若宾客带伞,应接过来放在专设的伞架上,并代为保管。

⑤遇见老人、儿童、残疾客人时,要主动伸手搀扶下车,对其倍加关心和照顾。

⑥客人离店时,要把车子引导到客人方便上车的位置,并为客人开车门;在客人已坐好,衣角不影响关门时,再关车门,关车门的力量要恰到好处,以免惊吓客人。向客人礼貌告别:"谢谢光临""欢迎再次光临""再见"等,然后退到离车右前方一米多远处,面带微笑目送客人离开。

⑦车子离店时,也要向司机招呼问候:"您辛苦了"、"再见"。

主动、热情、认真地做好日常工作。要尽量当着客人的面主动打电话为其联系出租车,要礼貌地按规定为来访者办事,做到热情接待,认真负责。总之,一有情况,要反应迅速,主动上前关心帮助,不能置之不理,冷漠旁观。

2.2.2 行李员

行李员的主要职责是负责客人的行李接送工作,在服务中应该做到:

①着装整洁,仪容端庄,礼貌站立,精神饱满,思想集中。

②客人抵达时,要热情相迎,微笑问候,主动帮助提行李,问清并记录行李件数。若客人坚持自携行李,应尊重客人意愿,不要强行接过来,以免引起客人的不悦。

③陪同客人到总服务台办理住宿手续时,应侍立在客人身后两三步处等候,以随时听候宾客和总台人员的吩咐。

④引领客人时应走在客人左前方两三步处,要随着客人的步子行进。遇转弯时,要微笑向客人招呼示意,体现对客人的尊重。

⑤陪同客人乘电梯时,要主动为客人操纵电梯控制钮,请客人先进先出。

⑥引领客人进房时,先放下行李,按规范要求先按门铃、敲门通报,再用钥匙开门。开门后,先开房内灯,巡视房间无问题后,则退到房门的一边,请客人进房。

⑦进入房间,要将行李轻放在行李柜上,箱子的正面朝上,箱把手朝外,便于客人取用。行李放好后要与客人核对清楚,在确认无差错后,可简单介绍房内设施,如客人无其他要求,应迅速礼貌告别,以免给客人造成滞留索要小费的印象。

⑧离房前,应微笑地说:"先生(小姐),请好好休息,再见!"或说:"祝您入住愉快!"然后面对客人,后退两步,再转身退出房间,将门轻轻关上。

⑨宾客离开饭店时,行李员在接到搬运行李的通知后,进入客房之前,无论房门是关着还是开着,均要按门铃或敲门通报,听到"请进",方可进入房间,并说:"您好,我是来运送行李的,有什么要帮忙的吗?"当双方共同清点行李件数后,方可提行李,并运送到客人指定位置。引领客人结账,并根据客人要求为客人安排车辆。

⑩行李放好后,不要立即转身离开,要向客人热情告别:"谢谢您的光临,欢迎下次再来,祝您旅途愉快!"面带笑容,挥手告别,目送客人离去。

2.2.3　大堂清洁员

大堂是饭店的"脸面",又是客流密集的公共区域。为了保持大堂的整洁,大堂的日常清洁工作通常要在客人面前进行。大堂清洁员在操作时应做到:

①制服穿着整齐清洁,讲究个人卫生,注意不要有身体异味。

②在大堂清扫时,要随时留意周围走动的客人,要主动让道,不要妨碍客人走动。

③在客人休息处清理烟缸、废纸及其他杂物时,要根据规范,勤换,动作要敏捷准确。对客人要微笑点头示意,主动问候:"先生,您好","小姐,您早","打扰一下"等。

④在高处擦拭玻璃幕墙、雨天擦拭大理石地面积水时,要注意客人的安全,应放置告示牌。

⑤清扫要认真细致,石面地板要光亮如镜,玻璃幕墙、玻璃门、栏杆、柱面、台面要明净无尘。

2.2.4　大堂副理

大堂副理,代表总经理处理客人投诉,负责前厅服务协调和贵宾接待等工作。大堂副理在工作中必须注意:

①大堂副理,代表饭店管理层的形象,因此必须讲究自己的仪容仪表,应该服饰整洁、挺括,仪容端庄、清秀,仪态稳重、大方,坐姿、站姿、走姿自然、得体。

②有宾客前来询问,应起立、问候,先请客人坐下,再集中注意力,彬彬有礼地倾听;对外宾要用外语交谈,对国内宾客要说普通话;要尽力给予客人详细、可信、满意的答复,做到有问必答,百问不厌。

③认真对待宾客的投诉。

a.要做到热情相待、耐心听取、做好记录、冷静分析。对情绪激动、怒气冲冲甚至蛮不讲理的投诉者,绝不能受其影响而自己也激动和冲动;相反,要表现出宽容、同情、关心,不计较那些气话;既显示出自己有风度、有教养、有能力帮助宾客处理好事务,同时也使投诉者的情绪、心理获得暂时的平衡,有助于营造出平静缓和的氛围。

b.沉着冷静,果断机智,善于察言观色,善于分析问题、判断是非,迅速根据实际情况,积极寻找、拿出妥善处理问题的办法;对于重大的紧急突发事件要及时与有关方面取得联系,通报反映,尽快获得指示和协助,以便尽早解决客人的问题;调查核实问题,告诉客人处理意见及答复时间;可提出可供选择的处理意见和办法,供客人选择。

处理问题不能主观武断,不轻易表态,不要简单地回答"是"或"否",更不能在没有了解清楚事实和酒店政策之前,就贸然承认酒店的错误并擅自作出优惠、补偿或不切实际的许诺,以免酒店遭受不必要的名誉和经济损失;对于在公共区域大喊大叫、粗暴无礼的投诉者的无理要求,可另选安静、舒适的场所,单独接待,使客人有一种受尊重的感觉,以营造易于沟通的氛围。

c. 感谢客人。大堂副理应当记住,有不满但不投诉的客人是不会再光临酒店的。客人提出投诉是酒店发现问题,改进工作的机会,因此,应该向客人自然、真诚、适当地表示感谢。

④做好贵宾、VIP 客人的迎送接待服务工作。大堂副理要参与贵宾、VIP 客人的迎送工作;要联系各方,求得密切的支持与配合,尽力把迎来送往工作安排得主动、热情、周到、细致,做到万无一失,圆满成功。

⑤大堂副理的工作涉及面广,沟通联系多,对外是饭店的公关形象,工作中要格外注意服务礼仪;对内与各部门协作,也要注意以礼相待,友善谦让,团结互助,共同配合,使对宾客的利益服务日趋完善。

2.2.5　总台接待员

客人来到酒店,对于总台接待员的第一印象会非常深刻,接待员应做到:

①着装整齐,仪容端庄,礼貌站立,注意力集中,精神饱满地恭候每一位宾客的光临。

②客人来到总台,应面带微笑,热情问候,迅速接待,可以说:"××小姐(先生),您好! 欢迎光临××饭店。""请问,您预订过吗?""需要什么服务?""我能为您做些什么?"

③听清客人的要求后,请客人填写入住登记表,同时双手将登记表与笔正面朝客人递给客人;尽量按客人要求(楼层、朝向等)安排好房间,必要时可推荐特色套房。

④有较多客人抵达而工作繁忙时,要按先后顺序依次办理住宿手续,但要做到招呼好其他客人,不要冷落客人,对中外宾客要一视同仁。

⑤验看、核对客人的证件与登记表时,要礼貌地询问:"××小姐(先生),麻烦您出示您的证件好吗?"在确认无误后,应迅速交还证件,说:"××小姐(先

生),请收好您的证件,谢谢!"并用双手递上证件。当知道客人姓氏后,要尽早称呼客人,这也是尊重客人的一种表现。

⑥把房间钥匙、磁卡、欢迎卡交给客人时,不可一扔了之,要礼貌地双手递上并说:"××小姐(先生),这是房间钥匙和房卡,房间朝南,舒适安静,请这位行李员陪您去,祝您愉快!"或说:"请慢走,再见!"

⑦如客房已满,要耐心解释,并请客人稍等;若确实无空房,应想方设法为客人推荐其他饭店,要当着客人的面,主动打电话与其他饭店联系,尽量设法解决;还可以说:"下次光临,请先预订,我们一定为您保留房间。"

⑧重要客人进房时,根据需要及时用电话征询客人意见:"这个房间您觉得满意吗?若有事情,请尽管吩咐,我们乐意随时为您服务!"以体现饭店的关心和重视。

⑨客人对饭店有意见时,经常会来总服务台陈述,接待员要面带微笑,以真诚的态度来处理:"××小姐(先生),您好,请慢慢讲。"同时,凝神倾听,并作记录,绝不能与客人争辩或反驳。适当的时候,可请大堂副理来处理。

⑩及时补充完善"客史档案",以便接待常客时能提供有针对性的个性化服务。

2.2.6 问讯员

问讯员的主要职责是为客人提供各类咨询、邮件等服务,以体现饭店"宾客至上、便利客人"的宗旨。问讯员在服务中应做到:

①穿着整洁,仪态大方,站立服务,精神集中,随时接受宾客的询问。

②客人来到问讯处,应主动招呼,热情问候,一视同仁,依次接待,务必使客人感受到你是乐于助人的。

③接待客人时,应目视对方脸部眼鼻三角区,倾听要专心,以示尊重与诚意。对有急事而词不达意的客人,应劝其安定情绪后再问,可说:"小姐(先生),请慢慢讲,我仔细听。"对于讲话慢、叙述详细的宾客要耐心、细心,听清要求后及时提问,体现良好的职业素养。对于语言难懂的客人,要仔细听清楚后再回答,绝不能敷衍了事或置之不理,可以请其他同事帮忙聆听要求。

④答复宾客的询问,要做到百问不厌,有问必答,用词得当,简洁明了,不能用"也许"、"可能"、"大概"之类的不确定语,更不可用"不知道"、"不行"等强烈的否定词;不要不懂装懂,随意回答。经过努力,确实无法回答时,要表示歉意:"对不起,这个问题现在我无法解答,让我了解清楚后再告诉您,请留下您的姓

名、房号、电话。"只有准确回答,才是礼貌的做法。

⑤如多人同时询问,应掌握"先问先答,急问快答"的原则,注意客人表情,避免怠慢,使不同的问询客人都能得到满意的接待和答复。

⑥问讯员要当好客人的参谋,做他们的贴心人,及时地向他们提供游览景点、往返路线、交通工具、购物和娱乐场所、风味小吃等有关信息。

⑦问讯员要把信件、电报、邮件迅速转交给住店客人。递送时要微笑招呼、敬语当先。对离店客人的信件要及时按客人留下的新地址转寄或退回原地,体现对客人认真负责的精神。

⑧问讯员要提供委托代办服务,如为客人订票。此项工作要细致周到,不要自作主张,要多征求客人的意见,以满足不同客人的需要(飞机、火车、船票和座次等);如达到客人的要求确有困难,要耐心解释,求得客人的谅解。

⑨对待来电查询,应热情帮助解决,件件要有结果、有回音。如不能马上回答,对来电的客人应讲明等候的时间,以免对方久等而引起误会。如客人要求预约出租车外出,应随时做好书面记录,并把房号、姓名、时间告知车队。交班时还未落实的事要与接班人交代清楚,切勿遗忘疏忽。

⑩对个别刁难、过分挑剔的客人,接待时仍应坚持以诚相待,注意服务态度,要耐心、热情、周到,对客人一定要晓之以理,动之以情。

2.2.7　订房员

订房员的主要职责是负责饭店客房销售及预订业务。在日常服务中,订房员应做到:

①客人来店预订,要主动热情接待,及时予以答复。如有房间,即刻填写订房单,并对客人表示感谢。如因客满,无法接受订房时,应表示歉意,但不可说"对不起,已经客满了"就了事,而是应该说:"请您稍等,我仔细给您检查一下。"然后再说:"对不起,已经满了,谢谢您的关照,请您以后光临。"并热心为客人介绍其他饭店。

②如客人用电话订房,要遵循电话接听规范,敬语当先,礼貌接待;必须根据订房单的内容认真记录,并向客人复述一遍,以免有差错或遗漏。如因客满无法接受预订应表示歉意,不能直截了当说"没有",以免引起客人的不快,影响饭店的声誉。

③订房后应信守契约,待客人到来时,切实按预订的客房要求安排。因此,事先必须做好客人来店前的更改、核对工作,以免出错。

④如因各种原因出现订房纠纷,要注意礼貌,对客人耐心解释,切忌争吵,要冷静分析问题,灵活处理。凡属饭店的责任,要主动承担,深表歉意,请示后及时弥补;如属宾客的责任,要牢记"宾客是上帝"、"客人永远是对的"等服务准则,妥善处置,以维护饭店的声誉,争取更多的客源。

2.2.8 收银员

收银员主要负责酒店客人账户的建立、结算等工作。在日常服务中,收银员应做到:

①服饰整洁,仪容端庄,微笑站立,恭候客人的到来。

②客人来总台付款或结账时,要笑脸相迎,热情问候,提供迅速、准确的服务,切忌漫不经心,造成让客人久等的局面。

③账目要当场核对,不能有丝毫含糊,并礼貌地请客人签名确认,以免今后产生纠纷。

④如有客人直接用外币支付费用,要礼貌地请他到兑换处兑换后再付款,不要用生硬的态度拒收,以免引起客人的不满。

⑤结账客人比较集中时,要礼貌示意客人依次等候,防止引起结算的差错。

⑥结账完毕,应向客人道谢告别:"谢谢,欢迎您再次光临! 再见!"给客人以"宾去思归"的亲切感。

⑦前台收银工作忙闲不均,即使在工作空闲时,也要坚守岗位,切忌几个人在一起闲聊,这会引起客人的反感,对饭店产生不良影响。

2.2.9 商务中心服务员

商务中心服务员的主要职责是为宾客做好复印、打字、传真、电脑上网、秘书等服务工作。在服务中应做到:

①服饰整齐,仪态大方,坚守岗位。

②客人来到,应微笑起立,主动招呼:"小姐(先生)您好!""小姐(先生),您有什么事要我帮忙吗?""小姐(先生)您需要什么服务吗?"

③按照客人的要求,热情而负责地提供高效、准确、优质的服务。

④本着"宾客至上、信誉第一"的宗旨,对客户高度负责,绝对尊重客人的意愿,不对外泄露客人任何文件的内容。

⑤不利用工作之便以权谋私,不得私自套汇和换汇,遵守国家的换汇政策。

2.3 客房服务礼仪规范

客房是宾客的"家外之家",是客人在饭店中逗留时间最长的地方,服务人员的服务态度和服务水准如何,直接关系到客人对饭店的印象。因此,客房服务员在服务中一定要讲究礼节礼貌,其服务礼仪要求主要有以下几点:

2.3.1 迎宾送客

①接到来客通知后,客房服务人员应尽量在电梯口(VIP客人要提前到电梯口迎候)恭候宾客的到来。宾客一到要致欢迎词:"××小姐(先生),您好,欢迎您光临!"并施以45°的鞠躬礼。如逢节假日迎宾时,应对每一位客人特别给予节日的问候,如:"新年好"、"圣诞快乐"、"春节快乐";对新婚的宾客,也要说些祝福的吉利语,如"祝你们新婚愉快"。一定要记住,温柔的话语和笑脸可以使宾客忘掉旅途的疲劳,会产生一种"宾至如归"的亲切感。

②对客人手中的行李要主动帮助提携,但要察言观色,不要硬性坚持把宾客手中的东西拿过来。

③对老、幼、病、残的宾客要及时给予最大限度的照顾和帮助。

④引领客人到房间途中,应走在客人左前方一至两步远,到客房后用"进房规范程序"开启房门,开门后侧身一旁,敬请客人进入。在问清宾客没有其他要求后,先退后一两步,再转身离去,同时把房门轻轻拉上。

⑤有的客人到达楼层后,由于旅途的劳累或其他的原因,急于休息,服务人员要随机应变,灵活机动简化某些服务环节,处处为宾客着想。

⑥宾客离店时,要诚恳、真诚地告别。"再见"、"希望再次见到您"、"一路平安"等敬语要热情地向客人表达,并配以鞠躬礼。

2.3.2 日常服务

①服务员不能擅自随意进入客人的房间,客人在房内时,必须征得客人同意后才能进房。每天的清扫整理,也应在客人没在房间时进行。为礼貌起见,每次进入客房时都必须轻轻敲门,规范动作为:用右手的中指或食指关节轻轻敲门三下,并报"Housekeeping服务员",若无回音,过三秒钟再敲三下,第二次敲后无回

音,便可用钥匙开门进房。

②如客房门把上挂有"请勿打扰"牌时,或在房门一侧墙壁亮有"请勿打扰"指示灯时,客房服务员不能敲门进房。但到了午后两点,仍然如此时,表示客人没有离开房间,服务员可打电话到该房间,注意礼貌用语,如说:"您好,我是服务员,请问可以进房搞卫生吗?"客人同意后方可进入。

③在撤换床上用品时,要注意客人放在床上的钱包、手包、金银饰品等,防止这些物品被摔坏或被裹在客房的布草内。抹桌子时,上面放的书本、文件、报纸、化妆品等,应整理整齐,但不要弄乱,也不许翻动。桌上的纸条、旧报纸等没有客人的吩咐,切勿随便扔掉。不能拿取客人食品品尝。

④工作时,注意"三轻",即走路轻、说话轻、操作轻,不得与其他服务员闲聊,不得在房内大声喧闹、唱歌。与客人交流时要轻声细语,不得影响客人休息。行进在楼层走廊时,服务员之间不能搭肩搂腰。在走廊里,有急事超越行进在前面的客人时,应向客人表示歉意。路遇宾客时,一定要向客人微笑,并说"您好,先生/小姐",或"××先生/小姐,早上/中午/晚上好",切不能视而不见,不予理睬。

⑤应为宾客及时提供各种周到细微的服务。如:逢宾客生日时,应送上一张贺卡或送上一个蛋糕,让客人得到一份意外惊喜;如遇到客人身体不适,要主动询问是否需要诊治;尽最大限度地满足客人提出的一切正当要求,而且最好是在客人开口要求之前。

⑥不得主动先伸手与客人握手,与客人不能过分亲热,与宾客交谈时,要"请"字当头,"谢"不离口,一定要彬彬有礼。

2.4 餐厅服务礼仪规范

餐厅是客人享用美食与美酒的地方,服务人员在服务中,都是直接与宾客接触,其服务态度、业务水平、操作技能等都要直观地反映在宾客面前;其举手投足、只字片语都有可能对宾客产生直接的影响。因而,餐厅服务人员在工作中,只有通过文明的语言、态度、行为和热情、主动、耐心、周到的服务,客人才能真正赏心悦目。餐厅服务员具体的服务礼仪主要有:

2.4.1　迎宾领座

①一般级别的用餐,在宾客到来之前,要有一两名迎宾员在门口迎接;较高级别的宴会,餐厅负责人应带领几名迎宾员在餐厅门口迎接。迎宾要站姿优美、规范,精神饱满,面带微笑。

②当宾客走到离餐厅门1~2米处时,迎宾员应面带笑容,为客人拉门,热情问候:"您好,欢迎光临!"或"小姐(先生),晚上好,请问是××座位吗?"(以便迎候指引)或"您好,请问您订过位吗?"待客人答复后,用规范的手势,引领客人入席。

③如果是男女宾客一起来,要按"先女宾,后男宾"的社交原则问候客人及为客人提供服务。

④见到年老体弱的宾客,要主动上前搀扶,悉心照料。

⑤如遇雨天,要主动帮客人放雨具。假如宾客戴帽或穿外套,应在他们抵达门口处,协助拿衣帽,并予以妥善保管。

⑥对已预订的宾客,要提前熟记"预订单"或"预订记录"的内容,以便准确将客人引到其所订的餐台;如果客人没有预订,应根据客人到达的人数、客人喜好、年龄及身份为客人推荐桌位;同时还应考虑到餐厅的平衡,避免某些餐桌太繁忙。例如,对单独光顾的客人,要为其寻找合适的位置,如靠近窗户的座位;对重要宾客,要把他们引领到本餐厅最好的位置;夫妇、情侣来就餐,可以把他们引领到比较安静的角落处入座;对于全家人或亲朋来聚餐的宾客,可以把他们引领到餐厅的中央餐桌就餐;年老体弱的宾客来就餐,应尽可能安排在出入比较方便、离出入口较近的地方;对于有明显生理缺陷的宾客,要注意考虑安排在适当的位置;如果宾客要求到一个指定的位置,应尽量满足其要求,如被占用,领台员应作解释、致歉,并提供选择,带他们到其他令客人满意的位置去;靠近厨房出入口的位置往往不受人欢迎,对那些被安排在这张餐桌就餐的宾客要多说几句抱歉的话。

⑦在选定餐桌、引领客人入座时,领台员应说:"这边请";如果桌子需要另加餐具、椅子时,尽可能在客人入席之前布置妥善,不必要的餐具及多余的椅子应及时撤走;为儿童准备的儿童椅、餐巾、餐刀等也应及时摆放好。

⑧宾客走近餐桌时,领台员应以轻捷的动作拉开坐椅,招呼宾客就座;在为大型团体服务时,则应先为年长的女士服务,然后再为其他女士服务;如有可能,应把女士安置在餐厅的内侧,避免面对墙壁。招呼宾客就座时动作要和宾客配

合默契,待宾客屈膝待座的同时,轻轻推上坐椅,推椅动作要适度,使宾客坐好、坐稳。

⑨客人入座后,送上毛巾和茶水。先送毛巾,后端茶。毛巾、茶都要用托盘端送,递送时要从主宾右边进行。递送毛巾时要招呼客人:"先生(小姐),请!"送茶时切忌手指接触杯口,动作要轻缓。

2.4.2　点菜服务

①客人入座后,服务员要从宾客的左边把菜单双手递上,对于夫妇,应先递给女士;如果是团体,先递给主人右手的第一位客人。递送的菜单要干净、无污迹。递送时要态度谦恭,切不可随意把菜单往宾客手中一塞或桌上一扔就一走了之,这是极不礼貌的行为。

②不要催促宾客点菜,要耐心等候,让宾客有充分的时间考虑决定。

③服务员应熟悉菜单,并对客人可能提出的问题有所准备。对每一道菜的特点要能准确地答复和描述,如哪些菜是季节性的,哪些是特制的,制作每道菜的时间以及菜的分量,菜的销售情况等。当宾客一时不知决定点什么菜为好时,服务员应为其当好参谋,热情推荐本餐厅的特色菜、时令菜、创新菜等。要讲究说话方式和语气,察言观色,充分考虑宾客的心理反应,不要勉强或硬性推荐,以免引起宾客反感。

④记录客人点菜时,服务员应站在客人的左侧,注意站立的位置,身体不能紧靠餐桌,手不能按在餐桌上;上身应略微前倾,精神集中地聆听。当主人表示客人各自点菜时,服务员应先从主人右侧第一位客人开始记录,并站在客人的左侧按逆时针方向依次接受客人的点菜。

⑤如菜单上没有列出客人点的菜,不可一口回绝,而应尽量满足其要求,可以礼貌地说:"请允许我马上和厨师商量一下,尽量满足您的要求。"如宾客点出的菜已无货供应,服务员应致歉,求得宾客的谅解,并婉转地建议宾客点其他的菜。

2.4.3　席间服务

①帮助客人打开餐巾。如是中餐,对不习惯用筷子的外宾,要及时换上刀、叉等餐具。

②斟酒要严格按照规范程序进行。在客人的后侧打开瓶盖;倒酒时从右侧

倒,注意不可站在同一位置为二位客人同时斟酒;先倒烈性酒,后倒果酒、啤酒、汽水、矿泉水;倒香槟酒或其他冰镇酒类,要用餐巾包好酒瓶再倒,以免酒水滴落在宾客身上。斟酒量的多少,要根据各类酒的要求来斟;中餐常要斟满杯,以示对客人的尊重,西餐则有所不同;斟白酒时一般不要超过酒杯的3/4,这样能让客人在喝一口之前,有机会闻到杯内白酒的芳香;斟红酒一般只到杯子的2/3;斟香槟酒要分两次,先斟至酒杯的1/3处,待泡沫平息后,再斟至酒杯的2/3或3/4处;斟啤酒或其他起泡的酒时,速度要慢。斟酒的顺序是先斟给主人右边的一位,再按逆时针方向绕桌斟酒,最后斟主人的酒。斟酒时,瓶口不要碰到杯口,但也不要拿得太高,否则易溅出酒水。偶尔操作不慎将酒杯碰翻或打碎时,应向客人致歉,立即调换,并迅速铺上抹布,将溢出的酒水吸干。

③上菜要严格按照上菜规则进行。掌握好上菜时机和遵循一定的上菜程序,并根据宾客的要求和进餐的快慢灵活掌握。上菜要从宾客的左边上,即最好在陪同或翻译之间进行,不要在主人与主宾之间进行,以免影响来宾用餐。上菜要讲究造型艺术,注意礼貌,尊重主宾,酒席中的头盘,其正面要正对主位。比较高档的菜或有特殊风味的菜,要先摆在主宾位置上,在上下一道菜后顺势挪移。每上一道菜要报菜名,并简单扼要地介绍其特色,但注意说话时不可唾沫四溅。

④分菜要注意将菜肴的优质部分分给主宾,要掌握好均匀。

⑤添菜时应征求客人的意见,如客人谢绝,则不必勉强。每道菜上完第一轮后,待有客人吃完时再上第二轮;如不上第二轮,则将菜盘内的菜整理后放在桌上,让客人需要时自取,待下道菜上来前撤下。

⑥主人或客人祝酒或发表讲话时,应停止上菜,但要及时斟酒,以便客人敬酒。

⑦撤换餐具时,要注意客人是否吃完(西餐可看刀叉是否已合拢并排),如无把握,应轻声询问客人可否撤餐具;上、撤餐具时要轻拿轻放,动作要优雅利索。

⑧如有酒水溅洒在宾客身上,要及时递送毛巾或餐巾协助擦拭,但如果对方是女宾,男服务员不要随便动手帮助。

⑨如有电话找宾客,应走到客人身旁,俯身轻声告知,不要在远处高声呼喊。

⑩宾客的物品,尤其是女宾的物品,如果不慎落在地上,服务员应立即帮忙拾起,双手奉上,不可视而不见。

⑪服务员的眼睛应始终注意到餐厅的每一位客人,应通过宾客需要帮助时的种种迹象(如手势、表情、姿势等),上前询问:"先生/小姐,我可以帮忙吗?"如客人将杯盖抬离杯口或将茶杯拿起时,服务员应主动加茶水;客人将烟叼在嘴

上,手在摸口袋时,服务员应主动上前帮忙点烟;发现客人筷子掉在地上,应及时上前为其换上干净的筷子;当客人要求帮助而服务员正在给其他桌上的宾客服务时,应对客人打手势或点头微笑,表示自己已经知道,马上就能去服务,使宾客放心,恢复席间的谈话。

⑫对有醉意的客人要特别关照,要主动帮助客人,并提醒客人不要遗忘随身物品。

⑬服务员应坚守岗位,站姿规范,不得依靠墙台,不得搔首弄姿,不串岗闲聊。

⑭整个餐厅的清扫工作,应在所有客人离去后进行。

2.4.4　结账送客

①把账单正面朝下放在小托盘上递给客人。一定要等宾客吃完甜点或宾客要求结账时方可呈递账单,不可在进餐中把账单递给客人。当客人付款后,要表示感谢。

②宾客起身离座时,应主动上前拉椅,方便客人离开。宾客离开时要提醒客人不要遗忘随身物品。服务员帮助客人取来帽子和大衣,可借此机会了解宾客对饭菜、服务是否满意等。假如有什么令客人不满意之处,应向客人解释,表示歉意并同意转达。记住对客人说一声"再见,希望您满意"之类的告别语。

2.5　电话总机服务礼仪规范

在现代酒店,尤其是高星级酒店,电话服务的重要性越来越突出。在日常工作中,酒店在电话中接待客人的次数远远大于当面接待客人的次数。同时,电话接待是在通话双方不露面、看不见表情、看不见手势的情况下进行的;且通话过程中,双方受环境、线路、通话人情绪、文化素质、礼貌修养等方面因素的影响,如果在通话时的语气、态度、声调等方面稍不注意,就会给对方造成误解或留下心理"创伤"。基于上述电话接待的特殊性,酒店电话总机员工在服务中要加倍注意,通过"电话语言",传播酒店温馨规范的氛围,通过声音传递给客人良好的印象,酒店电话总机员工更要讲究服务礼仪。

2.5.1 电话总机接听常规要点

①电话铃响三声内即要接起。

②致以亲切问候，如"早上好"、"您好"、"节日快乐"等，语言柔和亲切，声音清晰自然。

③应报酒店名，内线电话报"总机"。

④认真倾听对方的来电事由，然后按客人要求进行转接。

⑤如果客人询问，应按要求逐条回答客人，不方便回答的可转接至总台问讯处。

⑥询问客人是否有留言要求，按留言程序为客人留言并转达。

⑦通话结束时要用致谢语及礼貌的告别语，如"感谢致电××酒店"，"谢谢您的来电"等。

2.5.2 电话礼仪

1）亲切的问候

酒店的电话总机人员在转接电话过程中，一定不能缺少敬语问候，电话中的敬语一般有："您"、"您好"、"请"、"劳驾"、"麻烦你"、"请稍候"、"对不起"、"再见"、"节日快乐"、"新年快乐"、"圣诞快乐"、"晚安"等。在使用敬语时，一定要注意语音、语调的亲切自然。

2）诚恳的态度

由于总机员工的工作不能与客人见面，因此服务态度如何，只能靠声音来表达，因此总机员工一定要注意语气、语调。在接听电话时，不能有意拖长音，否则给客人一种懒洋洋或不耐烦的感觉，即使有时客人态度不是很友好，也要以谦逊耐心的语气对待客人。要记住，电话是无形的形象，是通过声音来传递饭店对客人的友好与欢迎的。

3）耐心的服务

总机员工要以自己辛勤的努力，将饭店"宾客至上"的服务宗旨，通过方寸话筒传送给客人，在工作中要细心、有耐心。即使是有的客人讲话不清楚，也不能不耐烦，更不能置之不理，或是干脆在似听清未听清的情况下将错就错，把电话随意拨转出去，而应委婉地请客人再重复一遍。如："对不起，先生，请您再重

复一遍好吗?"对老年人或语言表达不畅的顾客,要安慰对方不要着急,慢慢讲清。对客人作解释时也要有耐心,尤其是当客人有急事,而恰逢分机占线不能接通时,更要耐心解释清楚,使客人明白。如:"对不起,××房间正在占线,请您过一会儿再打来好吗?"如果外线电话要求接××房间,而该房间的电话铃响几遍之后仍不见应答,总机员工可以告诉对方"对不起,××房间没有人接电话。"一般不要说"他出去了",因为出去的概念很广,究竟是临时离开房间,还是外出办事,是在饭店内,还是离开了饭店,使客人费解;更不能电话铃响几遍无人接,不作任何解释就将电话挂断。

对于客人的留言,要细心做好记录;对于来电话查询的客人,应热情相待,在可能的情况下,尽自己的努力去办,而不能随便简单的一句"不知道"或"我查不着"来打发客人。即使通过努力却未能满足客人的要求,也应该主动向客人解释清楚并致歉。对于拨错号的客人,同样应以礼相待,而不能训斥对方。

4)叫醒服务

话务员的一个重要工作,就是提供叫醒服务。如果客人有叫醒服务的要求,话务员就应该认真做好记录并进行程序设定;到叫醒时间,应通过电话叫醒客人。在拨通客人房间的电话时,注意不要为图省事而按个不停,应稍停片刻再继续,等客人醒来,或给客人拿话筒的时间;一般5分钟左右再叫醒一次,如仍无人应接,就应立即打电话通知客房服务员人工叫醒,确保叫醒服务的顺利完成,同时也防止意外事件的发生。

实训指导

在教师指导下,全班分成若干小组,结合酒店岗位的实际,进行服务接待礼仪的模拟训练:

①模拟饭店迎接人员有礼貌地迎宾、问候、引领和送客。

②模拟饭店前厅人员有礼貌地接待宾客入住、问讯、结账、预订、兑换外币、提供商务服务,以及投诉处理的过程。

③模拟饭店行李员有礼貌地为宾客服务的情景。

④模拟饭店客房服务员有礼貌地为宾客服务的情景。

⑤模拟饭店餐厅服务员有礼貌地迎宾、问候、领位、接受点菜、结账和送客服务的过程。

⑥模拟电话总机人员有礼貌地为店内各部门和宾客提供信息服务的情景。

案例分析

仪容仪表是旅游业重要的服务内容

　　某公司总经理赵先生为视察工作和开拓新市场时,下榻于广州某星级饭店,经过连续几日的工作,终于圆满完成任务。在回去之前,赵先生与几位分公司领导和来宾打算庆祝一下。当他们来到餐厅,接待他们的是一位漂亮的服务员,接待服务工作做得很好,可是她面无血色显得无精打采。赵先生一看到她就觉得没了兴致勃勃的好心情,仔细留意才发现,原来这位服务员没有化工作淡妆,在餐厅昏黄的灯光下显得病态十足,这又怎能让客人看了有好心情就餐呢?当开始上菜时,赵先生又突然看到,传菜员的指甲油缺了一块,当下赵先生第一个反应就是:"不知是不是掉入我的菜里了?"为了不打扰其他客人用餐,赵先生没有将他的怀疑说出来。但这顿饭吃得赵先生心里很不舒服。最后,他们叫柜台内服务员结账,而服务员却一直对着反光玻璃墙面修饰自己的妆容,丝毫没注意到客人的需要。到本次用餐结束,赵先生对该饭店的服务十分不满。

　　分析:

　　在当前竞争激烈的商业条件下,服务人员的仪容、仪表、仪态是产品质量的组成部分,是和服务产品结合在一起,一同出售给顾客的。服务员如果不注重自己的仪容、仪表或过于注重自己的仪容、仪表,都会影响服务质量。

思考与练习

　　1. 酒店职业形象中对仪容仪表的要求是什么?仪容仪表"五勤"是指什么?
　　2. 日常工作中,服务员运用手势时要注意什么?
　　3. 分别简述前厅、客房、餐饮服务过程中的礼仪要点。

第 3 章
旅行社服务礼仪

【本章导读】

现代旅游业"三大支柱"产业是旅游饭店、旅游交通和旅行社(旅游代理商)业,其中处于中心协调地位的是旅行社业。旅行社是一个综合工作的部门,由导游人员、计调人员、外联销售人员、管理人员等工种组成。提高旅行社的服务质量和水平,才能争取更多的客源,才能不负旅行社工作人员"民间大使"的光荣称号。因此,旅行社工作人员的服务礼仪在日常工作中显得尤为重要。通过对本章导游人员、计调人员、外联人员以及游客礼仪的学习,应该了解导游人员、计调、外联、游客的基本含义,熟悉和掌握导游人员、计调、外联、游客的相关礼仪。

【关键词】

导游人员服务礼仪　　计调人员服务礼仪　　外联人员服务礼仪　　游客礼仪

3.1　导游人员服务礼仪

导游员是旅行社最具代表性的工作人员,是旅游服务接待工作的核心力量。导游员是旅游从业人员中与旅游者接触最多、接触时间最长的人,他给旅游者留下的印象也最为深刻。在旅游者心目中,导游员往往是一个地区、一个民族乃至一个国家的形象代表。

3.1.1　导游的基本含义

导游,从词义上分析,由"导"与"游"两个字组成。"导"含有向导、引导、开导、教导、领导、启发、开通、引流的含义;"游"含有游玩、游赏、游历、游学的意义,也含有交流、交往和交际的含义。"导"与"游"组合在一起就成为"导游"一词,即组织、指导旅游以满足旅游者游览、交往、增长见闻、丰富阅历的需求与愿望。

　　导游是指以旅游者为工作对象,以指导参观游览、沟通思想为主要工作方式,以安排旅游者的吃、住、行、游、购、娱为主要任务,以增进相互了解和友谊,为国家建设积累资金为目的的旅游接待服务人员,也是进行民间外交和地区横向联系的第一线的工作人员。

　　导游人员是指依照《导游人员管理条例》规定取得导游证,接受旅行社委派,为旅游者提供向导、讲解及相关服务的人员。

　　导游工作程序是从导游员接到旅行社下达的接待任务起,到送走旅游团、完成善后工作为止的全过程。

3.1.2　导游人员基本礼仪

1)守时守信

　　①遵守时间是导游员应遵循的最为基本的礼仪规范。由于旅游者参观游览活动都是有一定的行程安排并有较强的时间约束,因此为了确保团队活动的顺利进行,导游员必须尽早将每天的日程安排明确无误地告知每位游客,并且提醒客人。

　　②应按照规定的时间提前到达集会地点,按约定的时间与客人会面。如有特殊情况,必须耐心地向客人解释,以取得谅解。

　　③导游员还应该做到诚实守信,答应客人办理的事情,必须尽力帮助处理并及时告知处理结果。

2）尊重游客

①导游员在带团过程中，应尊重旅游者的宗教信仰、风俗习惯，特别注意他们的宗教习惯和禁忌。

②对游客应一视同仁，不厚此薄彼，但对于旅游团中的长者、女士、幼童及残疾游客等特殊人员应给予更多的关照，做到体贴而非同情、怜悯。

③对重要客人的接待服务应把握好分寸，做到不卑不亢。对随团的其他工作人员（如领队或全陪）也应给予应有的尊重。

④遇事多沟通，多主动听取意见，以礼待人。

3）互敬互谅

导游工作只是整体旅游接待工作的一个组成部分。如果没有其他相关人员，尤其是随团的汽车司机、旅游景点、购物商场以及酒店等一系列为游客提供直接和间接服务的工作者的大力支持与通力合作，导游服务接待工作就无法圆满完成。为此，尊重每位旅游服务工作者，体谅他们的工作处境与困难，积极配合他们的工作，是做好导游服务工作的前提保障，也是导游员具备良好礼仪素养的一种体现。

3.1.3　导游人员仪容仪表礼仪

在日常生活中养成讲卫生、爱清洁的习惯，不仅是导游员个人文明的表现，也是导游职业规范的基本要求。导游员上岗时，更应保持良好的仪容修饰。

①头发应保持清洁和整齐，注意经常梳洗，不存头屑，长短适宜，不梳怪异发型。头发被吹乱后，应及时梳理，但不可当众梳头，以免失礼。

②牙齿应保持洁净。导游员要经常开口说话，洁白的牙齿给人以美感。因此，导游员应坚持早晚刷牙，饭后漱口。带团前忌吃葱、蒜、韭菜等容易留异味的食物，必要时可用口香糖或茶叶来减少口腔异味。

③为保持面容光泽，女士可施淡妆，但不要施浓妆，不要当众化妆或补妆；男士应修短鼻毛，不可蓄须。

④注意手部清洁。指甲应及时修剪，不留长指甲，指甲内不藏污纳垢，不涂抹深色或艳色指甲油。

3.1.4　导游人员服饰礼仪

在服饰穿戴方面，导游员除了遵循日常基本服饰礼仪规范要求外，还应强调以下5个方面：

①应按照旅行社或有关部门的相关规定统一着装，统一佩戴导游证。无明确规定者，则以选择朴素、整洁、大方且便于行动的服装为宜。带团时，导游员的服装穿着不可过于时尚、怪异或花俏，以免喧宾夺主，使游客产生不必要的反感。

②无论男女，导游员的衣裤都应平整、舒适，特别要注意衣领、衣袖的干净；应经常换洗鞋袜，不得带有异味。

③男士不得穿无领汗衫、短裤和赤脚穿凉鞋参加外事接待活动；女士趾甲应修剪整齐，穿裙装时，注意袜口不可露在裙边之外。

④进入室内，男士应摘下帽子，脱掉手套；女士的帽子、手套则可作为礼服的一部分允许在室内穿戴。无论男女，在室内都不可戴墨镜，如有眼疾，非戴墨镜不可，则应向他人说明原因。

⑤带团时，一般除了戴结婚戒指外，导游员的饰物佩戴不宜过多。

3.1.5　导游工作中站、坐、行的礼仪

导游人员合乎规范、优雅大方的工作仪态是带团必须达到的礼仪要求。

1）站姿

导游员的站姿应稳重、自然。站立时，身体直立，挺胸收腹，双肩后展，两臂自然下垂（除手持话筒外），两脚分开同肩宽或呈"V"字形，身体重心可轮流置于左右两脚之上。手的位置有3种摆法：一为侧放式，即双手分别放置腿的两侧；二为前腹式，即双手相交于小腹前；三为后背式，即双手相握放置腰际处。无特殊情况，忌双手叉腰，或插在衣裤袋中，或将交叉两手抱于胸前。

2）坐姿

端正稳当是导游员坐姿的基本要求。即便是在行进的汽车上，导游员也应注意保持规范的坐姿，双手可搭在座位的扶手上，或交叉于腹部前，或左右手分放于左右腿之上。男士双腿自然弯曲，两膝相距以一拳为宜；女士双膝应并拢，切忌分腿而坐。此外，无论男女，坐时均不可前倾后仰，东倒西歪，不高跷二郎腿，脚底示众，不随意抖动腿脚。

3）步态

步态是导游员最主要的一种工作姿态，如前行引导、登山涉水，导游员无不靠行走来完成其导游工作。带团时，导游员的步态应从容、轻快，上体挺直，收腹挺胸，身体重心略向前倾；双肩放松，两臂前后自然摆动；步幅适中、均匀，步伐平

直。行进中,避免弓背、哈腰、斜肩、左右晃动、双手插袋、步伐滞重,更不得随意慌张奔跑。

3.1.6 导游语言艺术

语言是导游服务中的重要手段和工具,导游员的服务效果在很大程度上取决于其语言的表达能力。导游员驾驭语言的能力越强,信息传递的障碍就越小,旅游者满意的程度也就越高。可见,导游语言的表达事关导游员自身价值的实现。一般而言,导游员的语言表达应力求做到:正确、流畅、得体、生动和灵活,这是导游讲解最基本也是最起码的要求。

1)正确

语言的正确,要求导游员所传递的信息不仅应准确,而且还要易被游客理解。正确的导游语言,一是发音正确、清楚;二是遣词造句准确、简洁;三是表达有序,条理清晰。切忌空洞无物、言过其实,更不该无中生有、胡编乱造。

2)流畅

流畅即要求导游员的语言力求表达连贯,无特殊情况,一般言语中间不作较长时间的停顿,语速适中,快而不乱,慢而不滞。口语表达中过多的重复和停顿以及不良的习惯无疑都会影响游客的倾听效果。

3）得体

所谓得体，就是言语运用要妥当，有分寸。得体的导游语言必须符合导游员的角色身份，以做到真正体现对游客的尊重。在带团过程中，应多用敬语、服从语和委婉、征询的句式与游客交流；此外，还应避免谈论游客忌讳之事。

4）生动

生动，是导游语言最为突出的特点。导游员在讲解内容准确的前提下，应以生动、有趣且具感染力的语言活跃气氛，增添游客的游兴，增强趣味性。照本宣科、死板老套不可取，"黄色幽默"和低级趣味的笑话更应杜绝。

5）灵活

灵活强调的是导游员的语言表达应做到因人、因地、因时而异。导游员在讲解时必须充分考虑游客的文化背景、认知水平、兴趣爱好及职业特点等异同，并据此有针对性地决定内容的取舍和表达方式的选择，以提高游客的接受和理解能力。

3.1.7　导游服务礼仪

①导游员带团前应注意整理好自己的仪容仪表，将表明自己工作身份的胸牌或胸卡（如导游证）按有关规定佩戴在指定位置；带团时，导游员应于出发前10分钟到达集合地点。

②游客上车时，导游员应主动、恭敬地站立于车门口，欢迎每一位游客，并协助其上车，待客人上齐后方可上车；客人下车时，导游人员应首先下车，恭敬地站立于车门口，协助客人下车。

③游客落座后及时清点人数。清点人数时，用计数或看车子的空位来确定人数；忌用社旗来回比划，也不能用手拍打客人的肩背部位，更不能用单手手指对游客头、脸部指指点点来计数。

④在车上作沿途讲解时，导游员站姿要到位，表情自然，与游客保持良好的"视觉交流"，目光应关照全体在场者，以示一视同仁；手持话筒讲解时，要音量适中，话筒距离嘴不应过近，也不要遮住口部；手势力求到位，动作不宜过多，幅度不宜过大。

⑤到达目的地前，应提前将即将进行的活动安排、集会时间和地点等相关信息明白无误地向全体游客通告，并再次告知旅游车的车牌号码及司机姓名，以方便掉队者寻找。

⑥带团时,导游员应自觉携带旅行社社旗,行进中,左手持旗,举过头顶,保持正直,以便队尾的团友及时跟进。将社旗拖在地面上或扛在肩头都是不合乎规范的做法。

⑦带团期间,导游员应随时提醒客人注意行路安全,凡遇难以行走或拐弯之处,应及早提醒客人多加注意;对年老体弱者更应及时提供必要的帮助;导游员的行走速度不宜过急过快,以免游客掉队或走失;行走时,不应与人勾肩搭背;候车、等人时不宜蹲着歇息。

⑧带客游览过程中,导游员应认真组织好客人的活动,做到服务热情、主动、周到;导游员讲解时应该做到内容准确、表达流畅、条理清楚、语言生动、方法灵活;讲解时不得吸烟,进入室内公共场所,应将烟掐灭。

此外,还应注意给客人留下一定的摄影时间;团队离开活动场所之前,应及时提醒游客注意安全,随身携带好自己的贵重物品;带团购物必须到旅游定点商店,客人下车前,要向客人讲清停留时间和有关购物的注意事项等。总之,要用心、专心地投入到导游工作中,随时设身处地地为客人着想,就会有利于导游工作的开展,才能得到客人的认可和赞许。

3.2　计调人员服务礼仪

计调人员是旅行社中工作繁多,处理关系复杂的一个岗位,是旅行社完成地接、落实发团计划的总调度、总指挥和总设计师。"事无巨细,大权在握",具有较强的专业性、自主性和灵活性。做好服务工作,熟悉相关礼仪,是做好计调工作必不可少的一部分。

3.2.1　计调

计调,总的来说是指计划调度,用在旅游行业时,其主要工作内容有:计划旅游线路清单、联系旅游地接社、安排接团细节、安排酒店住宿及游览途中的餐饮等事宜。

具体说来,旅行社计调人员的工作包括:

①计调人员,应广泛搜集和了解不断变化的旅游市场信息及相关行情。对同行的常规、特色旅游线路逐一分析,策划出本公司的特色线路及旅游方案,并做好相关旅游产品企业的联系和价格协商工作。

②计调人员承接来往传真和电子邮件。收到旅游计划后应认真阅读,以书面形式回执确认并及时将计划输入电脑。

③发布和落实旅游团的接待计划和变更通知,按要求安排旅游团的吃、住、行、游、购、娱等事项,并负责客房自订事宜的验证与落实。

④计调人员在协调、安排旅游团旅游时,在配备相关的交通服务、导游服务等方面,要做到有备无患;在安排游客的旅游活动时,尽量考虑周到,强化细节;在确保团队质量的前提下,力争"低成本、高效益"。

⑤计调人员要掌握各位导游的工作能力和特长,因人而异地为旅游团选派导游,力争满足每一个旅游团的需要;同时,应积极与车队联系,保障车辆的正常使用。

⑥计调人员要当好管家,监控接待计划的实施和协助处理旅游团在途中遇到的各种问题。必须做到下情上传,上情下达,通力协作,不得推诿。

⑦每次旅游团行程结束后,对于导游、司机的报账,要严格把关,并与财务部仔细核对每一个账目,确保准确无误,但要注意礼貌用语和坚持原则,要协调好各方面的工作。

⑧计调人员为提高工作效率,应按季节及时掌握各条线路的成本及报价,以确保对外报价的可控性、可行性及准确性。

总之,计调人员的工作好坏,直接影响和决定着旅游公司或旅行社的声誉和效益。所以应该努力提高工作效率和工作效益,本着"当好管家,搞好管理,努力服务,不断学习"的态度,做公司的好管家,做总经理的好帮手。

3.2.2 计调人员的电话礼仪

在旅行社日常工作中,计调人员是接拨电话最多的人员,由于很多业务是通过电话来进行的,因此,计调人员的电话礼仪至关重要。

1)重要的第一声

当打电话给某单位时,如果电话一通,就能听到对方亲切、优美的招呼声,心里一定会很愉快,使双方对话能顺利展开,对该单位有了较好的印象。在电话中只要稍微注意一下自己的行为就会给对方留下完全不同的印象。可以说"您好,这里是××旅行社",声音清晰、悦耳、吐字清脆,给对方留下好的印象,对方对你所在单位也会有好印象。因此,接电话时,应有"我代表单位形象"的意识。

2)喜悦的心情

打电话时要保持良好的心情,这样即使对方看不见你,但是从欢快的语调中

也会被你感染,给对方留下极佳的印象。由于面部表情会影响声音的变化,因此即使在电话中,也要抱着"对方看着我"的心态去应对。

3)清晰的声音

打电话过程中绝对不能吸烟、喝茶、吃零食,即使是懒散的姿势对方也能够"听"得出来。如果你打电话的时候,弯着腰躺在椅子上,对方听你的声音就是懒散的,无精打采的;若坐姿端正,所发出的声音也会亲切悦耳,充满活力。因此打电话时,即使看不见对方,也要当做对方就在眼前,尽可能注意自己的姿势。

4)迅速准确地接听

旅行社计调人员业务非常繁忙,桌上往往会有两三部电话,听到电话铃声,应准确迅速地拿起听筒,最好在三声之内接听,若长时间无人接电话,或让对方久等,这是很不礼貌的,而且对方在等待时心里会十分急躁,你的单位会给他留下不好的印象。即便电话离自己很远,听到电话铃声后,附近没有其他人,也应该用最快的速度拿起听筒,这样的态度是每个人都应该有的,这样的习惯是每个计调人员都应该养成的。如果电话铃响了超过三声才拿起话筒,应该先向对方道歉;若电话铃响了许久,接起电话只是"喂"了一声,对方会十分不满,会给对方留下更加恶劣的印象。

5)认真清楚地记录

随时牢记"5W"技巧,所谓"5W"是指:①When(何时);②Who(何人);③Where(何地);④What(何事);⑤Why(为什么)。在工作中,这些资料都是十分重要的,与打电话和接电话同样重要。电话记录既要简洁又要完备,有赖于对"5W"技巧的掌握。

6）了解来电目的

上班时间打来的电话几乎都与工作有关,公司的每个电话都十分重要,不可敷衍。即使对方要找的人不在,切忌只说"不在"就把电话挂了。接电话时也要尽可能问清事由,避免误事。首先应了解对方来电的目的,如自己无法处理,也应认真记录下来,委婉地探求对方来电目的,就可不误事而且赢得对方的好感。

7）挂电话前的礼貌

结束电话交谈前,一般应当由打电话的一方提出,然后彼此客气地道别,说一声"再见",由对方先挂,自己再挂电话,不可只管自己讲完就挂断电话。

3.2.3　接待礼仪

1）一般游客的接待

计调人员接待客人时应客气礼貌、谦虚简洁、利索大方、善解人意,养成使用"多关照"、"马上办"、"请放心"、"多合作"等谦词的习惯,给人亲密无间,春风拂面之感。对于每个问题、每个确认、每个报价、每个说明都要充满感情,以体现你合作的诚意,表达你工作的信心,显示你的实力。书写信函、公文要规范化,字面要干净利落、清楚漂亮、简明扼要、准确鲜明,以换取对方的信任与合作。一个优秀的计调人员,一定是这个旅行社多彩"窗口"的展示,他像"花蕊"一样吸引四处的"蜜蜂"纷至沓来。

组成一个团不容易,往往价格要低质量要好,计调人员在其中发挥了很大作用。因此,计调人员要对地接线路多备几套不同的价格方案,以适应不同游客的需求,同时留下取得合理利润的空间。同客户"讨价还价"是计调人员的家常便饭,有多套方案,多种手段,计调人员就能在"变数"中求得成功,不能固守一个"打法"。方案要多、细、全,才可"兵来将挡,水来土掩",才能获得成功。

由于接待工作是独立进行的,接待人员和客人是双向交流的,因此,接待工作还要遵守两个原则:一是必须坚持国家的各项大的方针政策;二是要切实遵守外事纪律,严格执行旅游工作的各项规章制度及有关工作细则。

2）信件、邮件接待

计调人员一定要仔细阅读对方通过信件、邮件发来的接待计划,重点确认本次接待的具体时间、人数、用房数、是否需要单间、小孩是否占单独的床、是否用早餐、抵达的准确时间和抵达口岸等内容,核查中发现问题及时通知对方,迅速进行更改。

此外,还要了解游客中是否有少数民族或宗教信徒,饮食上有无特殊要求,以便提前通知餐厅;如果发现有在本地过生日的游客,记得向他表示庆贺;如游客人数有增减,要及时进行车辆调换等。

3.2.4 预订礼仪

"五订",即订房、订票、订车、订导游员、订餐,是计调人员的主要工作任务。尽管事物繁杂,计调人员也必须时刻清醒并逐项落实。这很像火车货运段编组站,编不好,就要"穿帮"、"撞车",甚至"脱节",俗话说"好记性不如烂笔头",要勤记录以备忘。

在预订时还要特别注意两个字:第一个字是"快",即答复对方问题不可超过24小时,能解决的马上解决,解决问题的速度往往代表旅行社的作业水平,一定要争分夺秒,快速行动;第二个字是"准",即准确无误,说到做到,不要"放空炮",不要变化无常。回答对方的询问,要用肯定词语,行还是不行,"行"怎么办,"不行"怎么办,均要提出自己的处理意见,不能模棱两可,似是而非。

3.3 外联人员服务礼仪

外联人员是旅行社产品的宣传员和销售人员。客源是旅游业的生存之本,没有客源便没有旅游业的发展,旅行社也难以生存和发展。旅行社在整个旅游行业中主要充当着寻找、招徕客源的"排头兵"的作用,而旅行社外联人员便是旅行社以招徕客源为主要任务的营销人员。

3.3.1 外联人员

外联人员,指公司委派在客源地,从事旅游销售和客源招徕的人员。其主要有4个特点:有固定的客源市场、有固定的销售渠道、有固定的办公地点和有固定的操作模式。

外联部的工作计划由服务采购计划、市场销售计划、接待服务计划、作业控制计划、质量监督计划等内容构成。

1)服务采购计划

服务采购,一般是指旅行社为组合旅游产品,以一定的价格向其他旅游企业,或其他服务行业和部门购买相关服务项目的市场经营行为。

旅行社产品是一种特殊的服务产品,是为满足旅游者在旅游过程中的需要而提供的各种有偿性服务。外联部为了突出产品特色,加强产品销售能力,完成市场销售计划,也应该有所侧重地制订相应的服务采购计划。通常情况下,根据工作计划的需要,外联服务采购计划主要反映在包机计划(专列计划)、广告宣传计划等对销售影响较大的内容。

2)市场销售计划

外联部的市场销售计划用于市场开发、组织客源和产品销售中,是旅行社接待服务活动的基础。销售计划的主要内容包括各种旅游产品和服务项目,在确定销售价格的基础上,通过各种渠道确定销售对象,预测销售及所需费用、销售收入和销售利润,其作用是规定计划期间内的经营目标,把握所需耗费的资金,确定具体销售策略,为旅行社的接待安排提供可靠的依据。

3)接待服务计划

旅行社的接待服务计划包括地方接待服务计划和组团接待服务计划。外联部作为出游服务中心,主要制订的是组团服务计划。外联部的接待服务计划着重从接待人员的安排、餐厅用餐、饭店住宿、景点游览行程交通、安全对策等方面进行设计,通过出团通知书的形式表现出来。

4)作业控制计划

作业控制计划是对旅行社各部门、各工种工作人员在贯彻执行行业务计划的过程中,进行执行性、操作性控制的计划,在发达国家的旅游企业早已普遍应用,被认为是企业管理不可缺少的一项计划内容。由于我国计划管理起步较晚,水平较低,许多旅行社对作业计划制订还不够重视。外联部的作业控制计划主要是针对门市销售人员、外联业务人员、客户档案管理员的操作控制计划。

5)质量监督计划

服务质量是旅游业的生命线,是旅游业发展的关键。特别是我国加入 WTO后,旅游业竞争日趋激烈,服务质量已成为企业竞争的主要内容。国内外的实践经验证明,运用质量管理的基本理论和方法,结合旅行社工作的特点进行综合治理,是旅行社切实提高服务质量的有效途径。

3.3.2 外联人员的自我介绍

外联工作需要不断地结交新客户,随时展示自己的交际能力。自我介绍是

交际场合最直接、最常用的介绍方式,是打开与人交往的一把钥匙。在自我介绍时应该注意以下几个方面:

①及时介绍。当你向他人自我介绍时,必须及时、简要、明确地进行介绍。如:"张经理,你好!我是国际旅行社外联部王刚,很高兴认识你!"

②清楚介绍。自我介绍一般需要讲清楚自己的姓名和身份,以及来访的目的,使他人对你的情况和来意有所了解。

3.3.3 外联人员的交谈礼节

1)面对面洽谈

外联人员要掌握谈话的礼节、礼貌。交谈时态度要自然大方、和蔼可亲;切莫夸夸其谈,自我吹嘘或强加于人;也不要过分谦恭,因为过分的客气不但难使客人领会到你的意思,反而会造成误会,显得失礼。

谈话和回答问题要实事求是,恰如其分地回答,对客人提出的问题如果没有把握,不要作肯定的答复,要留有余地(比如说准确的价格、车费、房费等),如果已经答应的事情一定要办到。

谈话时不论对方的态度如何,谈论的内容如何,都应该用和颜悦色的态度认真倾听,不可以左顾右盼;自己谈话时应注视客人、面向客人。

谈话时尽量少用手势,需要用手势时动作也不宜过大;说话的声音以对方能听懂为准;要给客人充分的说话机会,客人说话时,不要随便打断和插话,如果出现误会,有必要插话解释时,一定要注意礼貌,先征得客人允许才能讲。

谈话中除非办理手续的需要,否则不要问及客人的私事,如不要问女士的年龄、婚姻,不打听客人的职业、财产、收入、衣着的价格和所携带物品的有关情况等;不以客人的生理特点为话题,比如胖、瘦、高、矮等。

2)函件、信件洽谈

小小函件,关系重大,一定要有问必答、及时回复、礼貌热情、书写端正、格式规范、简洁明了、态度明确,这样才能让对方可信,才能沟通联系,促进友谊,使业务进展顺利。

3)电话洽谈

电话是最常用的洽谈方式,但如何使用电话却是一门艺术。讲话者的语音、语调和用词,对听话者的感染力是其他方式所不能代替的;同时,因时、因地、因人、因事不同还要有所不同。其技巧虽多,但重要的是应事先做好书面准备,即通话前列出提纲,然后通话;此外无论通话还是接听,都应随手记录,以免遗忘。

3.3.4　宣传礼仪

1)广告宣传

广告宣传,成本虽大但效果好,一般用精彩的画面、凝练的语言或悦耳的音乐等综合手段去"促销",带来极大的收益。

做广告是有学问的。选择什么样的媒体,以何种形式和内容体现主题都是值得研究的。广告除了一般的大众媒体,还有户外广告。户外广告可以是路牌广告、电子彩屏广告、横幅和霓虹灯广告等,形式可多种多样。此种广告一般宜选择机场、车站、码头及市中心人流集中、游客较多的地方。如大连在北京火车站的巨大彩屏上,滚动发布大连旅游信息;在最繁华的王府井大街上,用灯箱形式向人们昼夜展示大连独特的山水风光和城建亮点,打出中国的"浪漫之都"这一招牌,虽花了钱,但效果相当好。

2)其他宣传

①通过本地政府、协会和其他民间社团组织的活动,发放资料,宣传推销自己的产品。如与活动主办单位达成互惠互利的合作共识,在会议或展销会上推销自己的旅游产品等。这需要旅行社外联人员平时多与各种企事业单位和政府机关保持较好的联系,把其中经常举办活动的单位或部门及主办人培养成自己的客户。在和这些单位交往时,应该想着自己代表的是一个旅行社,随时注意自己的言行举止。

②参加国内外各种旅游博览会或展销会。展销会不只是旅行社推销产品的好时机,而且是旅游界人士重温旧日友谊、结交新友的好机会。因此应充分利用这个机会,找到客户,并建立良好的合作关系。

③将准备好的各种资料(包括本旅行社概况、本地区旅游资源、本社组团线路报价等),寄往一个或数个地区的旅行社,即那些可能进行合作、提供客源的旅行社;要抓住本地举行重大旅游节目或活动的时机发放资料。此外,向客户寄资料的另一个好时机是本地有值得向外推荐的旅游设施、景点或参观项目。虽然发放资料是"广种薄收",但旅行社外联部的人员都清楚,只要找到并建立起一两个或两三个稳定的客户,便可能带来可观的客源。

3.4　游客礼仪

　　游客是旅行社乃至旅游业的核心。游客的多少会直接影响旅行社的经营效益,而游客的素质也影响着旅游业的发展。在旅游活动中,不只是旅游从业人员应该遵守礼仪,人的社会角色在不断变化,作为随时可能成为游客的你,也应该懂得相关的礼仪,充当"文明游客"。

3.4.1　游客简介

　　旅游者,从字面上解释,就是游客,即从事旅游活动的人们,包括来目的地参观旅行、探亲、访友、休养、考察或从事贸易、业务、体育、宗教活动、参加会议等的外国人、华侨和港澳同胞。在英文里写作"Tourist",是出于一种好奇心,为了得到愉悦而进行旅行的人。

1)游客的旅游动机

　　(1)放松动机

　　旅游者通过离开自身的定居地到另一个地方作短时期的逗留,去观赏异地风光,体验异国风情,感受异地特色,使身心得到放松、休息和恢复。

　　(2)刺激动机

　　旅游者通过空间的转移,了解国内外各方面的知识,得到新的经历,身临其境地接触世界各地居民,欣赏变换奇妙的自然风光,体验异地文化,考察不同生活制度,以寻求新的感受、新的刺激,形成新的思想。

　　(3)关系动机

　　旅游者通过外出旅游,结交朋友,建立友谊,给予爱,获得爱或逃避社会关系,解除人际烦扰或建立商务伙伴关系。

　　(4)发展动机

　　旅游者在身处异地的文化氛围中,培养多种兴趣,得到新的知识,掌握新的技能,增加新的阅历,获得异地的奖赏,提高个人声望和魅力,成为旅游鉴赏家,获得他人尊敬,发展自我潜能。

　　(5)实现动机

　　旅游者借助旅游,充分利用各种旅游资源,发挥客体对主体的能动作用,丰富、改变、创造人的精神素质,主宰自己的人生,获得更高的成就,实现自己的梦想和精神价值。如许多生物学家、地理学家、文学家、画家都是从旅游考察中获得丰富的创作源泉的。

2）旅游者在不同旅游活动阶段心理活动的变化

（1）初期心理：求安全、求新奇

一个人到异国他乡旅游，摆脱了日常紧张的生活和烦琐的事务，成为无拘无束的自由人，希望尽情地享受快乐的旅游生活。一方面，游客到了新的地方后兴奋激动，有求新求异、猎奇、增长知识的心理需求；另一方面，人地生疏，语言不通，环境不同，因而产生孤独感、茫然感、惶恐感或不安全感，存在着拘谨心理、戒备心理以及怕被人笑话的心理。因此，旅游者要调整好心理，将注意力转移到轻松愉快的游览活动中，进入游览的良好心理状态。

（2）过程心理：求全、求放松

在旅游活动过程中，游客之间、游客与导游员之间逐渐熟了，对环境也逐渐认识了，初期戒备心事消除了，开始感到轻松愉快，产生平缓、悠闲、放松的心理。

①游客往往忘却控制自己，思考能力不知不觉减退，自行其是、个性解放、性格暴露，甚至出现反常言行，如放肆、傲慢、无理、懒散、时间观念差、群体观念更弱、自由散漫或丢三落四。

②游客有求全心理，以为花钱外出，旅游部门应该一切全包，对旅游活动要求理想化，希望在异地享受到家中不可能得到的服务，希望一切都是美好的，对旅游服务横加挑剔，牢骚满腹，一旦要求得不到满足，就会出现强烈的反应，甚至出现过火的言行。

③游客会提出更广泛更深刻的问题，甚至有不友好、挑衅性的问题出现。对此，旅游部门要认真、精心地组织活动，耐心解答游客问题，做好旅游团内部的团结、相互帮助工作。而游客则要克服心理上的弱点，保证旅游活动顺利进行。

（3）结束前的心理：情绪波动，以自我为中心

旅游活动的后期，即将返程，游客心情波动很大，此时旅游者突然感到时间过得太快，东西未买，朋友还要再会，行李又怕超重，他们对尚未结束的游览恋恋不舍，又希望有时间处理个人事务，如上街购物，收拾行李。针对此种心理，旅游计划中，要留出充分时间让游客处理自己的事情，帮助游客对尚未完成的工作进行弥补，甚至让对活动不满、肚中憋气的个别游客有机会发泄不满和怨气，使大家乘兴而来，满意而归。

3.4.2 游客乘车礼仪

在旅游活动中,乘车往往是难免的。如何建立一个互敬互爱、友善愉悦的旅游团体,是每一名游客应尽的义务。应该注意如下几个方面:

大妈,您坐我这儿

①主动把前排的座位让给比自己年纪大或者是会晕车的团友,不要争抢座位。

②在乘车途中,要保持车厢内的卫生,不乱扔垃圾、随地吐痰,需要扔垃圾时也应先扔在自己随身带的塑料袋里,下车再丢弃至垃圾箱或旅游车的垃圾桶里。

③为了安全,不要把头、手伸出窗外,不要在车厢随意走动,也不要站或蹲在座位上。

④主动把自己的行李物品摆放在行李架或者是指定的位置上,要尽量为别人腾出空地,不要"霸占"过多的行李摆放处。

⑤在乘车途中不要大声喧哗、肆意交谈以免影响到其他的团友。导游在讲解的时候,不要起哄,应该认真、耐心地听讲,即使导游讲错了,也不要"得理不饶人",委婉向其指出错误即可,毕竟出来旅游是来求放松和愉悦的,不必咄咄逼人。

⑥不要在车上吸烟,特别是空调车上。

⑦在乘车途中,要按照规定时间上下车,不要自己上下车后不管别人,置他人于不顾。

3.4.3　游客用餐礼仪

①就餐时,由于大家事先不熟悉,因此要谦让;要讲究卫生,提倡用公筷和公勺夹菜。

②就餐时不要吸烟;进嘴的东西不要吐出来;不要当众剔牙;让菜、喝酒的时候不要勉强别人;不当众整理服饰或化妆和换衣服;吃饭不要发出声音。

③若需要调味料但伸手又取不到时,可要求对方递给你,千万不要站起来去取。

④喝汤时身子要坐直,要把汤匙送到嘴边,不要喝太热的汤,更重要的是喝汤时不能发出声响,喝到最后,可把汤碗稍倾后舀出喝。

⑤口中有食物时不要说话,也不要含着食物喝水,因为用水将食物冲下是不礼貌的,而且食物容易漂浮在水里,有失礼貌。

3.4.4　游客购物礼仪

①在旅游活动中,导游一般都会带旅游团购物。游客应该按照合同规定购物,确实不想购物时可以不买,但是应陪同前往,而不要哗众取宠,故意刁难导游。

②购物人多时,要按秩序排队;购物前要认真挑选,尽量不要出现退货或者换货的现象。

③要遵守时间,挑选货物要及时认真,不要犹豫到最后上车前才匆忙购物,而让其他团友等你;不得已迟到,应向团友致歉,而不能大大咧咧,以免引起其他团友的反感,增加旅途的不愉快。

④购物前要了解所买的物品是否可以带出关,如果不可以就不要买,以免带来不必要的麻烦和遗憾。

3.4.5　游览礼仪

①参观游览的时候要听导游的指挥,与集体保持一致,要有时间观念,在规定的时间内活动,不要出于自己的爱好在一个景点参观时间过长,让导游到处寻找,让其他游客等待。

②在景点照相时,大家应该自觉地排队留影,争先恐后、一拥而上的结果是

每个人的照片都成了"集体照";而且,拍照尽量抓紧时间,不要没完没了地摆姿势;另外,当别人正照相时,应该从后面绕行;如果自己也要拍摄,需在旁边等候或选择不影响他人的地点,不要上去"抢镜头"。

③在拍照时,要征得对方的同意,要尊重民族习惯,有的民族的女孩子是不可以和男人照相的;再者,要有肖像权的意识,在未征得对方同意前不能将合影用于商业宣传。

④许多国家、地区规定某些禁区或某些地方禁止拍照,一般都有明显的标志。但在边境口岸、机场、博物馆、新产品展览处、古文物、私人宅院等地,如果没有设立不准拍照的标志,一般也禁止拍照。

⑤旅游目的地街心公园、动物园、植树园和一些大的家院里常有松鼠、候鸟、鸽子、天鹅等天然动物,禁止用手抓捕和挑逗。

⑥参观私人宅院、街道两旁、街心公园等均有花草树木,不要随便采花摘叶,攀登树木或践踏绿色草坪;在街上行走,穿越马路时要注意安全,遵守交通规则;不要乱扔果皮、纸屑等,应自觉丢人垃圾箱,否则会遭到罚款,也会影响自己的形象。

⑦在公众场合不得吸烟,可以吸烟的话也要事先征得别人的同意。

3.4.6 游客的其他礼仪

1)准时

旅游团自然由很多人组成,大家一定要有时间观念,一般情况下,应该在集合时间前 5 分钟到达目的地。

2)包容

出门旅游肯定会遇到很多不顺心、不满意的事情,需要游客有一颗包容的心。游客是不同地方、不同生活习惯的人组合在一起的,肯定有兴趣、习惯、言语等方面的不同,要在一起和睦相处几天也是一种缘分,因此,大家要相互理解、包容。

3)避免以下游客常见的 7 种陋习

①脏:一些游客缺乏公德心,不注意公共卫生,所到之处留下满地垃圾。

②吵:一些游客在公共场合,如飞机、车船、餐厅,甚至在酒店大开着房门,毫无顾忌地大声喧哗。

③抢:在上下车、进出景点时争抢,甚至在机舱里时常会看到游客争抢行李

箱空位;有的还任意摆放行李,堵塞通道,影响后来者;有的还和服务员发生不必要的争吵,既影响他人,也使自己不愉快。

④粗:在一些游客身上,看不到对他人起码的尊重及礼仪,如问完路没有一句"谢谢",就扬长而去;做错了事也不会向别人说一声真诚的"抱歉"等。

⑤俗:一些游客将家乡或自己家里习以为常的行为举止带出家门,比如在豪华酒楼赴宴,游客如果脱了鞋赤脚搁在椅子上,或盘腿而坐,都是非常不雅观的。

⑥窘:衣着不整为不雅;衣着光鲜却举止不适当,同样令人尴尬。如有的人西装革履蹲在街头;有些人身穿睡衣在入住酒店的房间串门,容易引起其他游客的误解。

⑦泼:一些游客遇到纠纷的时候,显得火气特别大,碰到不顺心的事,不是粗言恶语就是拳脚相加。

以上7种情况之外,还有一些未列举的行为,文明的游客们均不应该效仿。倘若一时有这样或那样的差错,只要心存悔改和进步的意识,一段时间后,肯定会形成自己良好的习惯。

总之,旅游是一项赏心悦目的愉快经历,无论是从事旅行社经营服务的工作人员,还是作为旅游服务对象的旅游者,都应该时时用礼仪的规范约束自己,培养良好的个人素质,为社会的文明进步作出贡献。

实训指导

在老师的指导下,模拟以下内容,并让同学和老师进行考评:

1. 模拟导游在接团时的基本礼仪。
2. 模拟计调人员接客人电话的礼仪。
3. 模拟外联人员与客户见面时的自我介绍。
4. 模拟游客用餐、坐车时的礼仪。
5. 模拟在旅游过程中所见到的游客的不同习惯。

案例分析

案例一:

王先生是A旅行社的总经理,在他的领导下,旅行社全体员工共同努力,旅行社业务逐年上升,在同行中受到一致的好评。

同市B旅行社成立不久,为了想在旅游界站稳脚跟,赵经理想了很多办法。

他为了不错过任何一个客户，甚至要求员工"24小时开机，连吃饭也不要离开办公室"，可即使这样，业绩还是在不断下滑，这可急坏了赵经理。

赵经理和王经理是大学同学，这天他们聚会，赵经理就向王经理学习经验，并且还真诚地邀请王经理到自己旅行社指导工作，王经理一口答应了。

一天中午王经理来到了B旅行社，一进旅行社他看见大家都很忙，于是，他自己找了个地方坐下。这时他看见：一名计调边吃饭边接电话，几名导游在一起高谈阔论等待拿接待计划，3名散客正站着等待办理旅游手续，找了半天，看见赵经理正在大声处理客人的投诉。看到这些王经理知道了B旅行社业绩上不去的原因了。

分析：

旅行社属于服务行业，员工的素质是非常重要的。要追求效益必须先抓好企业员工的素质，注重行业的礼貌礼节。同时，加强内部管理，使工作有条不紊也是很重要的。

案例二：

小李做导游时间不长。这天旅行社让她接待一批重要的客人，小李拿到行程单后，做了很多准备工作。

接团当天为了让客人注意自己，小李特意画了个浓妆，看着天气晴朗，她穿了一条白色的坎肩连衣裙，脚穿一双红色的高跟鞋。匆匆忙忙赶到机场接团时飞机已经落地了，幸好客人没有出来。接到客人后小李迅速带客人上车，由于穿了高跟鞋不好走路，好几个客人都走到了她前面。上车后，她先用手指一个一个清点了人数，接着她就坐着向客人致欢迎辞。由于太紧张，说话结结巴巴。正说着，有位游客准备提问，小李用手示意他，自己介绍完了再说。

到达酒店后，小李匆忙补了个妆，就到酒店大堂给客人分发房间。一对老夫妇想要靠里面点的房间，小李说"房卡分完了，你们相互认识，自己去找其他游客换吧"，说完她就匆忙回家了。

回到家后小李接到旅行社电话，说明天这个团由其他人代替她接了，小李委屈地哭了。

请运用所学的知识回答下面的问题：

1.旅行社为什么要让别人接替小李的旅游团？

2.假如你是小李你应该怎么做？

案例三：

小吴等21人到北京旅游。飞机落地后小吴很兴奋，自己就忙着先走了出来，等了半天没有看见接站的导游，于是自己就到机场小超市闲逛，过了一个多小时导游终于找到了他。

上车时,小吴迅速上车并在前排坐了下来。在导游讲解过程中,他不断地和别人交谈,并不时发出"哈哈"的笑声。

用餐过程中,他抢着吃了很多自己喜欢的东西,悠然地抽起了烟。

小吴很喜欢摄影。在游览故宫时,他一直在拍照,而且多次掉了队,导游提醒他,他认为导游是故意和自己过不去,还当众骂了导游。

请运用所学的知识回答下面的问题:

1.本案例中,小吴有哪些做得不对的地方?

2.作为一名游客在旅游过程中应该注意哪些礼仪?

思考与练习

1.导游的基本礼仪是什么?

2.导游讲解中语言应当具备哪些艺术?

3.计调人员接电话时应该注意哪些礼仪?

4.外联人员的工作主要有哪些内容?

5.旅游者在不同旅游活动阶段的心理活动变化有哪些?

第 4 章
日常办公礼仪

【本章导读】

办公室工作人员代表着所服务的企业或政府的形象,无论在执行公务,还是在日常生活中,都更应注重礼仪,时时以礼为先,处处以礼待人,做一个学礼、知礼、用礼的文明公民,以赢得人们的爱戴,建立和谐的群众关系。通过本章的学习,我们应该自觉树立办公室工作人员的职业形象,掌握握手、介绍、交换名片、称呼、问候、交谈、电话礼仪以及其他日常办公礼仪。

【关键词】

职业形象　握手　介绍　交换名片　称呼　问候　交谈　电话　汇报　日常礼仪

4.1　办公室工作人员的职业形象

4.1.1　头发修饰

完善形象,从头开始。头发不仅表现一个人的性别,更多的是反映着一个人的审美情趣、知识水平以及行为规范等内涵。

1)勤梳勤洗

头发应该勤梳洗,以便保持整洁,切忌蓬头垢面、有头屑、有异味。特别是在正式场合或在参加活动之前,一定要洗发、理发、梳发,这是礼仪的基本常识。

2)长短适中

头发长短因性别、身高、年龄、职业、场合等因素而有别。男士头发不宜过长,不留大鬓角且不超过两耳,脑后头发最长不触及领口,不剃光头;女士刘海不

能太长以至盖住眉毛,必要时应盘发、束发。

作为工作人员,应该选择与自己个性、身份相适宜的发型,要求自然清新、文雅端庄、朴实大方,反映出自己的内在气质、文化涵养、道德情操和精神风貌。一般来讲,应避免标新立异赶时髦,避免怪异。

4.1.2 面容修饰

人们在政务、商务和社交活动中对面部进行修饰,一方面表示对他人的尊重,另一方面也能较好地展示自己的风采。

1)男士

首先,要勤于洗脸,保持面部清洁;要注意及时清除眼部的分泌物,清除鼻孔、耳孔的异物。

其次,要养成每天修面剃须的良好习惯,保持卫生;切忌未剃须就去参加各种社交活动,尤其是外事活动,因为这是对他人不尊重的表现。

2)女士

女士化妆应以自身面部客观条件为基础,适当强化和美化,切忌失真;化妆应与环境、场合、时间、年龄、身份相宜;工作妆要色彩浅淡,接近生活;工作场所或餐桌上不要当众补妆;在社交娱乐活动中,体现"浓妆淡抹总相宜"的风范。

此外,化妆的浓淡应该与不同格调的服饰相匹配;化妆的色彩应该与服饰色彩相一致;化妆应该扬长补短,使自己拥有健康自然、富有个性的容貌。

4.1.3 其他部位修饰

其他部位主要是指颈部、手部、腿部等。小节之处见内涵,细微之处显礼仪。

1)颈部的美化

颈部是最容易显现一个人年龄的身体部位,平时要和脸部一样注意保养,以防止老化。同时,要注意保持颈部干净卫生。

2)手部的美化

手、手指和指甲的美,与人体其他部位的美一样,组成人尤其是女性的整体风采。要养成勤洗手、勤剪指甲的良好习惯。社交人员和公务人员一般不要留长指甲,也不要涂带色的指甲油。

3)腿、脚部的美化

腿及脚部的修饰要注意以下两点:

①在正式场合,不允许男性着装时暴露腿部;女性可穿长裤、裙子,切忌穿短裤或超短裙。

②保持清洁卫生是最重要的。皮鞋要打理干净,擦去灰尘,保持光亮;同时要注意脚部卫生,鞋子、袜子要勤洗勤换,防止异味,切忌穿残破、有异味的袜子。

4.2 握手、介绍、交换名片礼仪

4.2.1 握手礼仪

握手是目前许多国家通用的礼节,也是社交场合常用的礼节,办公室工作人员接待客人时常需要使用握手礼。握手看似平常,其实在实际运用中必须遵循其约定俗成的礼仪规范。

1)伸手顺序

握手时"尊者居前",即由地位高的人先伸手。男士和女士握手时,应由女士先伸手;长辈和晚辈握手时,应由长辈先伸手;上级和下级握手时,上级先伸手。反之,则是失礼的,这代表前者对后者的接纳。

需要说明的是,在西方社会,女士优先是最通行的社交规则。中国人讲究长

幼关系，长者总是具有主动权。当然，工作场合，一般职位高的人具有主动权。

　　宾主之间的握手则较为特殊。客人抵达时，应由主人（无论男女）首先伸手，以示欢迎之意；客人告辞时，则应由客人（无论男女）首先伸手，以示主人可就此留步。

　　在正规场合，多人情况下，当一个人有必要与多人一一握手时，既可以由"尊"而"卑"依次进行，也可以由近而远地逐渐进行，切忌交叉握手。

2）握手方式

　　作为一种常规礼节，握手的具体方式颇有讲究。

　　（1）神态

　　与他人握手时，应当神态专注、认真、友好。在正常情况下，握手时应目视对方双眼，面带笑容，同时问候对方。当然，在葬礼上与死者家属握手表示慰问时，神情应肃穆。

　　（2）姿势

　　与人握手时，一般均应起身站立，迎向对方，距其1米左右；身体前倾，伸出右手，手掌垂直地面，拇指张开，其余四指并拢，切不可掌心向下或向上；应握住对方的右手手掌。

　　（3）力度

　　握手的时候，用力既不可过轻，也不可过重。若用力过轻，有怠慢对方之嫌；不看对象用力过重，则会使对方难以接受而生反感。

（4）时间

一般来讲,在普通场合与别人握手所用的时间以 3 秒钟左右为宜。老朋友久别重逢,握手时间一般也不超过 20 秒。握手切忌长时间拉着人家不放,尤其是女士,这是极不礼貌的。

4.2.2　介绍礼仪

介绍是人际交往中与他人进行沟通、增进了解、建立友谊、加强联系、寻求支持的一种最基本、最常见的方式,是开启社交大门的一把钥匙,是人与人进行相互沟通的出发点。

1）自我介绍

自我介绍又称介绍自己,它指由本人担任介绍人,自己把自己介绍给别人。在社交场合,如能正确利用自我介绍,不仅可以扩大自己的交际圈,广交朋友,而且有助于自我展示、自我宣传,在交往中消除误会,减少麻烦。

（1）时机要得体

自我介绍的时机,即应当在什么时间、在什么情况下进行自我介绍,这是关键的问题。在社交活动中,如欲结识某个人,而又无人引见,即可伺机向对方自报家门,将自己介绍给对方。

（2）内容要真实

介绍自己时具体表述的各项内容,首先应当实事求是。介绍自己既没有必要自吹自擂,也没有必要过分自谦。若有可能先递名片再作介绍,则会免去很多麻烦。

（3）态度要友善

进行自我介绍时要长话短说，要有意识地抓住重点，言简意赅，节省时间。

2）介绍他人

介绍他人，又称第三者介绍，是指由第三者为彼此互不相识的双方所作的介绍。

（1）谁当介绍人

公私有别。家里要来了客人，谁是介绍人呢？当然是女主人。单位来了客人谁是介绍人呢？应该是专职公关人员、文秘、办公室主任、外办、接待办的领导和同志；但若要接待贵宾，则应是本单位职位最高的人士；在社交场合，如宴会、招待会上，则由主人当介绍人。

（2）讲究先后顺序

从礼仪上来讲，介绍他人时，最重要的是被介绍的双方的先后顺序。概括来讲，介绍他们的标准做法是"尊者居后"，即为他人作介绍时，先是分析一下被介绍双方的身份高低，应首先介绍身份低者，然后介绍身份高者；介绍女士与男士相识时，应当先介绍男士，后介绍女士；介绍长辈与晚辈相识时，应当先介绍晚辈，后介绍长辈；介绍外人与家人相识时，应当先介绍家人，后介绍外人；介绍客人与主人相识时，应当先介绍主人，后介绍客人；介绍上司与下级相识时，应当先介绍下级，后介绍上司。

3）介绍礼仪

介绍时，要注意以下礼仪细节：

①介绍称呼要规范。介绍要实事求是，尤其是职务、职称不可胡乱吹捧。副职，不可免"副"，如"副主任"，不要说成"主任"，做法是连姓名加尊称，如"刘勇副主任"。

②语言简洁、流畅，表情自然大方，热情友好，同时，要使用敬语，如"刘勇先生，请允许我把王辉先生介绍给您"。

③手势运用要正确。一般五指并拢伸直，手与前臂成一条直线，肘关节自然弯曲，掌心向上，手掌平伸，使用右手；切忌掌心向下，也不要攥成拳头，更不要指指点点。

④作为被介绍者，应站立，目视对方并向对方点头微笑；介绍完毕，应主动伸手与对方握手，并寒暄，如有名片可奉送。

4.2.3　名片礼仪

名片是自我身份的象征,也是个人的小介绍信。如何交换名片,往往是其个人修养的一种反映,也是对所交往对象尊重与否的直接体现。

1)名片的礼仪规范

(1)携带名片

公务人员参加正式的交际活动之前,都应随身携带自己的名片,以备交往之用。名片的携带应注意以下3点:一是足量适用,二是完好无损,三是放置到位。

(2)递交名片

在递交名片时,要注意以下几点:

一是观察意愿。除非自己想主动与人结识,否则名片应当在交往双方均有结识对方并欲建立联系的意愿前提下发送,否则名片递出后被随意放置或不引起重视,则是一件很尴尬的事。

二是把握时机。发送名片要掌握适宜时机,只有在确有必要时发送名片,才会令名片发挥其功效。

三是讲究顺序。第一,地位低的人首先递名片,即"位低者先行"。一般是地位低的人首先把名片递给地位高的人,再由后者回复前者。第二,如果向多人递名片,一般要遵循"先女后男,先长后幼"的顺序,按照地位高低由高而低递交名片。如果不方便的话,可以由近而远,按照顺时针方向前进,这是比较吉利的方向。

四是打招呼。递名片时不打招呼不礼貌。当你把名片递给别人时,不仅要讲顺序,而且要招呼、寒暄一下,如"××先生,很高兴认识您,这是我的名片"。

五是表现谦恭。对于递交名片这一过程,应当表现得郑重其事。要起身站立主动走向对方,面含微笑,目视对方,身体前倾15°左右,以双手或右手持握名片,从胸前将名片正面递给对方,同时说声"请多多指教"、"欢迎您"等礼节性用语。切勿以左手持握名片,随意交给对方。递交名片的整个过程应当谦逊有礼,郑重大方。

(3)接受名片

接受他人名片时,主要应当做好以下几点:

一是态度谦和。接受他人名片时,不论有多忙,都要暂停手中一切事情,并起身站立相迎,面含微笑,双手接过名片,也可以用右手,但不得使用左手接。

二是认真阅读。接过名片后,先向对方致谢,然后至少要将其从头至尾默读一遍,以示尊重和敬佩。若对方名片上的内容有所不明,可当场请教对方。

  三是精心存放。接到他人名片后,切勿将其乱丢乱放、乱揉乱折,或直接放在桌上,最后忘了收存。而应将其谨慎地置于名片夹、公文包或上衣口袋之内,且应与本人名片区别放置。注意不要把客人名片放在手里摆弄玩耍,这是一种轻视的态度。

  四是有来有往。接受他人的名片后,一般应当立刻回给对方一张自己的名片。没有名片、名片用完或者忘带名片时,应向对方作出合理解释并致以歉意,必要时可以用纸笔写下自己的简单通信信息,切莫毫无反应。

  总之,握手、介绍、交换名片时,应当遵循一定的礼仪规范,心中时刻以礼为先,做事之前考虑清楚,则可以在社交场合中游刃有余。

4.3　称呼、问候、交谈、电话礼仪

4.3.1　称呼礼仪

  称呼,一般是指人们在交往应酬中,彼此之间采用的称谓语。选择正确的、适当的称呼,既反映自身的教养,又体现对他人的重视程度,有时甚至还体现双方关系发展的具体程度。

  1)称呼正规

  在工作岗位上,人们所使用的称呼有其特殊性,下面是正规的 6 种称呼方

式,可以广泛采用。

(1)称呼行政职务

在人际交往中,尤其是在对外界的交往中,此类称呼最为常用,意在表示交往双方身份有别。

(2)称呼技术职称

对于具有技术职称者,特别是具有高、中级技术职称者,在工作中可直接称其技术职称,以示对其敬意有加。

(3)称呼职业名称

一般来说,直接称呼被称呼者的职业名称,往往都是可行的,如"××老师","××医生"等。

(4)称呼通行尊称

通行尊称,通常适用于各类被称呼的对象,诸如"同志"、"先生"等,都属于通行尊称。不过,其具体适用对象也存在差别。

(5)称呼对方姓名

称呼同事、熟人,可以直接称呼其姓名或名字,以示关系亲近。但对尊长、外人,显然不可如此。

(6)称呼中就高不就低

比如,王××,职务:副主任,我们一般称"王主任",不称呼"王副主任";但是,在正式场合介绍时,一般要称呼完整,如:王××,某单位办公室副主任。

2)称呼禁忌

以下4种错误称呼,都是平日不宜采用的:

(1)庸俗的称呼

在正式场合假如采用低级庸俗的称呼,是既失礼,又有失身份的。如把领导称为"老板"、"张哥"、"李姐"等。

（2）他人的绰号

在任何情况下,当面以绰号称呼他人,都是不尊重对方的表现。

（3）地域性称呼

有些称呼,诸如"师傅"、"小鬼"、"老表"等,具有地域性特征,不宜不分对象地滥用。

（4）简化性称呼

在正式场合,有不少称呼不宜采用简化性称呼。例如,把"张局长"、"王处长"称为"张局"、"王处",就显得不伦不类,又不礼貌。

4.3.2 问候礼仪

问候,又称问好、打招呼。一般而言,它是人们与他人相见时以语言向对方进行致意的一种方式。一个人在接触他人时,如果不主动问候对方,或者对对方的问候不予以回应,是失礼的表现。问候礼仪主要体现在问候的次序、态度、内容等3方面。

1）问候次序

在正式会面时,宾主之间的问候,在具体的次序上有一定的讲究。

①一个人问候另一个人,通常应是"位低者先行"。

②一个人问候多人,既可以笼统地加以问候,也可以逐个加以问候,"由尊而卑"、"由长而幼"地依次而行,也可以由近而远地依次而行。

2）问候态度

问候是敬意的一种表现。当问候他人时,在态度上需要注意4点:

①主动。问候他人,应该积极、主动。

②热情。在问候他人时,通常应表现得热情而友好。

③自然。问候他人时,应表现得自然而大方,不要虚情假意。

④专注。在问候交往对象时,应当面带微笑,注视对方的两眼,以示口到、眼到、意到,专心致志。

3）问候内容

问候他人,在具体内容上大致有两种形式,它们各有自己适用的不同范围。

（1）直接式

所谓直接式问候,就是直截了当地以问好作为问候的主要内容。它适用于

正式人际交往,尤其是宾主双方初次相见。比如,见面说"您好"、"早上好"、"见到您真高兴"之类的话语。

（2）间接式

所谓间接式问候,就是以某些约定俗成的问候语,或者在当时条件下可以引起的话题,诸如"忙什么呢"、"您去哪里"、"你吃饭没有"等,来替代直接问好。它主要适用于非正式交往,尤其是经常见面的熟人之间。但对西方人这是禁忌,一般说"您好"之类的话,否则,有干预其人身自由和隐私之嫌。

4.3.3 交谈礼仪

交谈是人们日常交往的基本方式之一。交谈是人们交流思想、沟通感情、建立联系、消除隔阂、协调关系、促进合作的一个重要渠道。

1）交谈的一般礼仪规范

（1）语言

在正式场合要使用文明用语,要讲普通话,不要使用方言,更不要使用低俗、低级的语言,特别是要注意使用敬语、谦语、雅语。

（2）表达

交谈除了慎用语言,还应善于表达,一般要做到4个注意:

一是注意语音。要细语柔声,不仅要吐字清晰,在日常生活和工作中使用标准的普通话,更重要的是避免粗声大嗓。

二是注意语态。即交谈的表情、动作,也就是神态,一般要亲切友善、谈吐自如、热情大方。

三是注意语气。要求和蔼可亲,平等待人,多使用敬语、谦词、雅语,切忌居高临下,盛气凌人,或者曲意逢迎,巴结讨好。

四是注意语速。表达时,快慢适宜,节奏适中,舒张有度,切忌过快、过慢,或忽快忽慢。

（3）交流

在交谈时注意要善于跟交谈对象互动,形成良性的反馈。不能总是一个人在讲,双方要沟通、交流,这样,交谈才能顺利进行下去。

（4）尊重

在与别人交谈时一定要懂得尊重对方。交谈时,要礼待对方,要尊重人。不仅如此,还要注意场合,分清对象。

2）交谈注意事项

①不打断对方。通俗地说，就是谨慎插嘴。

②不补充对方。人们在交谈时要摆正位置，不要好为人师，总显得比人家懂得多。

③不纠正对方。原则问题另当别论。一般场合不要随便对他人谈话进行是非判断。

④不质疑对方。一般不要随便对别人谈的内容表示怀疑。

3）话题的选择

交谈要注意选择适宜话题。

①看场合，是正式场合，还是一般场合，是庄重严肃场合，还是轻松愉快的场合。

②看对象，男女有别，老少有别，尊卑有别，中外有别。

③看关系，取决于双方熟悉程度、关系的亲疏。

④看兴趣，选择双方感兴趣、熟悉的话题，否则容易陷入僵局，或者变成单方面说教。

4）注意聆听

一个善于交谈的人必须能说会道，但是有时，"善于听"比"善于说"更重要，因此，善于交谈的人首先必须是一个善于聆听的人。具体有以下6点要求，即姿态正确、精力集中、耐心倾听、勤于思考、谨慎插话、呼应配合。

4.3.4　电话礼仪

运用电话,不但可以及时、准确地向外界传递信息,而且还能够借此与交往对象沟通感情,保持联络。要正确地利用电话,不只是要熟练地掌握使用电话的技巧,更重要的是要自觉维护自己的"电话形象"。

1)拨打电话原则

在整个通话过程中,发话人通常居于主动、支配的地位。作为先发制人的一方,若要使自己所打的电话既能正确无误地传递信息、联络感情,又能为自己塑造完美的电话形象,发话人在打电话时,就必须时间适宜、内容简练、表现文明。

(1)时间适宜

打电话若是不考虑时间问题,往往便会无事生非,或让人产生不好的印象。要打好一次电话,首先就应当明确时间,通话只有在适宜之时进行,才会事半功倍。

①通话时机。按照惯例,通话的最佳时间有两种:双方预先约定的时间;对方方便的时间。除有要事必须立即通告外,不要在他人的休息时间打电话。打公务电话,尽量要公事公办,不要在他人的私人时间,尤其是休假期间,去麻烦对方。

②通话长短。在一般情况之下,公务电话通话的时间应有所控制,基本的要求是:以短为佳,宁短勿长。打电话者要言简意赅,讲清楚事情就可以了,以免耽搁了接电话方的时间。

(2)内容简练

在通话时,根据礼仪规范,发话人要做到内容简练,就必须注意以下几个方面:

①事先准备。每次通话之前,发话人应做好充分准备。

②简明扼要。在通话之时,发话人讲话务必要务实,不务虚;最忌讳发话人讲话吞吞吐吐,含糊不清,东拉西扯。

③适可而止。发话人在通话中务必要注意长话短说,适可而止。

(3)表现文明

发话人在通话的过程中,自始至终都要待人以礼,文明大度,尊重自己的通话对象。具体讲要注意以下几个重要环节:

①语言文明。在通话时,发话人不仅不能使用"脏、乱、差"的语言,而且还须切记,有三句话是礼貌通话中必须要有的:

a.问候语。在通话之初,要向受话人首先恭恭敬敬地问一声:"您好!"然后方可再言其他。

b.介绍语。在问候对方后,接下来须自报家门,以便对方明确"来者何人"。

c.道别语。在终止通话前,预备放下话筒时,应先说一声"再见"。如果缺少了这句礼貌用语,就会使终止通话显得有些突如其来。

②态度文明。发话人在通话时,除注意语言文明之外,在态度方面也应注意。对于受话人,不要厉声呵斥,态度粗暴无理;通话时若突然被中断,理应由发话人立即再拨,并说明通话中断是线路故障所致,不要不了了之;若拨错了电话号码,应对接听者表示歉意,不要一言不发,挂断了事。

2)注重通话细节

在通话过程中,尤其需要注意一些细节。

①确认通话对象。

②征询通话者是否方便接听电话。

③勿让对方猜自己是谁。

④不要忘记最后的祝福和感谢。

⑤说话语速适当、语言流畅。

⑥私下与其他人交谈时需按保留键。

⑦通话过程中不要对着听筒大声说话。

⑧修正不良习惯性口头禅。

⑨不要口出秽语。

3)接听电话原则

根据礼仪规范,受话人接电话时,由于具体情况有所不同,分为本人受话、代接电话以及录音电话等。在整个通话的过程中,受话人在接电话时,虽处于被动的位置,但也不可因此在礼仪规范方面马虎将就,不加重视。

(1)本人受话

所谓本人受话,是指由受话人本人亲自接听他人打给自己的电话。按照电话礼仪的要求,需要注意的问题共有两个:

①接听及时。电话铃声一旦响起,即应立即停止自己所做之事,尽快予以接听。接听电话是否及时,实质上反映着一个人待人接物的真实态度。因特殊原因,致使铃响很久才接电话,须在通话之初向发话人表示歉意。

②应对谦和。接电话时,受话人应努力使自己的所作所为合乎礼仪。特别要注意下列4点:

a. 自报家门。接起电话的时候,首先将自己的岗位名称报出,以便对方确认。

b. 聚精会神。接听电话时,要专注,不应该吃东西、操作电脑、与别人聊天等。

c. 与人道别。通话完毕,要与来电之人道别,对方感谢自己时,要作相应的回复。

d. 善待错拨电话。不要对错拨电话的来电人口出恶语或讥讽语,只需说"对不起,您打错了"即可。

(2)代接电话

在公务活动中,有时候会出现这样的情况:对方想要通话的人不在,自己成为电话的代接者。代接、代转电话时,特别需要注意尊重隐私、记录准确、礼尚往来、传达及时等 4 个方面的问题。

①尊重隐私。在代接电话时,不要充当"包打听",向发话人询问对方与其所找之人的关系及要谈及的详细内容。

②记录准确。如果对方要找的人不在或不便接电话时,可在向其说明后,让其稍后再拨,或者询问一下对方是否需要代为转达或留言。

③礼尚往来。不要对对方所找之人口有微词,或是对方要找的人就在身边,却偏偏告之以"不在"。至于硬要说"没有你找的这个人",则更属无礼。应让对方稍候,然后迅速帮对方找接话人。

④传达及时。接听寻找他人的电话时,先要弄明白"对方是谁"、"现在找谁"这两个问题。若对方不愿讲第一个问题,可不必勉强。若对方所要找的人不在,可先以实相告,再询问对方"来系何人"、"所为何事",若将两者先后次序颠倒了,就可能使发话人产生疑心。

4) 挂电话的基本礼仪

（1）复述来电要点

当你接完电话以后，别忘了复述一下来电的要点，一定要核对无误。如："对不起，××先生，您要定 3 个标准间，时间是 9 月 15—18 日，您的电话是×××××××，有没有错误?"

（2）最后道谢、问候

收线时要记得道谢及祝福。送给客户的一句问候语，说不定可以让对方一天工作愉快。

（3）让客户先挂电话

无论你从事的是什么行业，跟客户通完电话，一定要等客户挂断电话后你才能挂电话，你这次通话才算圆满结束。

5) 手机的使用

在各种现代化的通信手段之中，手机异军突起，而且渐呈后来居上之势。在个人电话形象之中，手机的使用，是其重要组成部分之一。使用手机时，应在方便交际联络的同时，严格地遵守其约定俗成的使用规则；否则，就有可能在无形之中损坏自己的电话形象。具体而言，需要遵守的礼仪规则主要有：

（1）令其安守本分

使用手机主要是为了方便个人联络和确保信息交流的畅通无阻。在人际交往中使用手机时，首先要正视其身份、用途，并令其"安分守己"，不论何时何地，都不要借此耀武扬威。

（2）方便他人为先

使用手机，不但方便自己，而且还方便了他人，并且应将这一点放在首位。当他人通过手机联络自己而未接时，应尽早回复。通过手机与对方联络，并要求对方按自己指定号码回复时，切勿见缝插针，让自己的手机一再占线，而致使对方打不进来；利用手机向他人发送短信，不仅应当内容健康，而且还要署上本人姓名，免得令人猜疑不止。

（3）遵守公共秩序

使用手机时，绝对不允许在有意、无意间破坏公共秩序。此项要求主要是指：

①不允许在要求"保持安静"的公共场所，诸如美术馆、影剧院、音乐厅、高级餐厅等公共场合，"大张旗鼓"地使用手机；说话声音不宜过大而对他人造成影响，同时应该将手机置于静音振动状态。

②不允许在参加会议或重要的聚会期间,例如会见、开会、上课时使用手机,从而分散他人注意力;确实属于急电,则要伺机回避接听。

③自觉维护安全。不要在医院里、飞机上、加油站附近等地使用手机,以免手机发出的信号干扰医疗仪器,打扰病人的休息,或干扰航班的信号,影响安全驾驶。

总之,称呼、问候、交谈和电话礼仪,是日常办公礼仪中不可或缺的交往方式,我们要努力加强自身修养,养成良好的习惯。

4.4　其他日常办公礼仪

4.4.1　汇报礼仪

1)汇报工作礼仪

办公室工作的人员,工作中难免要"上传下达",还要经常执行领导指派的工作任务。向领导汇报工作,看似很简单的一件事情,其实能反映出很多内容来。汇报工作,不仅能使领导明白你在做什么,还能通过"汇报工作"让领导了解你的为人处世的能力。因此,要认真谨慎。在向领导汇报工作时,应注意以下礼仪:

①守时,不失约。这是一个基本礼貌。如果过早到达汇报地点,会使领导因为没有准备好而难堪;迟迟不到,又会让领导久候而失礼;万一因故不能赴约,要尽早有礼貌地告知领导,并表示歉意。

②进办公室要注意礼貌。到达领导办公室,应先轻轻敲门;如果办公室门敞开着,也应该先敲门,以让领导知道有人来了;等听到领导招呼再进门。

③汇报工作时,仪表举止要文雅大方,彬彬有礼。

④汇报要实事求是。对自己的工作要有喜报喜,有忧报忧。那种曲意逢迎领导,或是把汇报工作看成是"摆功"或是"诉苦"的机会也是不对的。

⑤恰当地催问。在向领导汇报工作时,有时不免要同时催问一些事情,这也是情理之中的。在催问时应注意非到应催问时不要随便催问。催问宜用"询问"的方式进行,如说:"前两天××一事,不知领导您的看法怎样,有批示了吗?"

⑥当自己的意见被否定时,要冷静对待,考虑清楚再作适当解释,但不要过

于执著,要适可而止;不要轻易打断领导的谈话,万一自己需要插话应征得对方的同意,如说"对不起,我能问一句吗?"或"我有个建议,不知可以现在讲吗?"

⑦当汇报已经结束而领导仍有兴致询问其他问题时,下级仍要以礼相待;汇报一般应在领导说出"今天我们就谈到这儿吧"时结束,或看领导准备处理别的事了,就择时起身告辞。

2)听取汇报礼仪

上级在听取下级的工作汇报时,也要遵循一定的待人接物的礼仪,具体要做到:

①守时。如果已约定时间,应准时等候,如果可能,宜稍微提前一点时间,并做好记录要点的准备以及其他准备。

②及时招呼汇报者进门入座,根据需要泡茶招待或敬烟,以拉进谈话的距离,更利于交流,不可居高临下,盛气凌人。

③要善于听。当下级汇报时,应该认真倾听。对汇报中不甚清楚的问题可及时提出来,让汇报者重复、解释;也可以适当提问,但不要显得武断或不耐烦。

④不要随意批评、拍板,要三思而后行;听取汇报时不要频繁看表或打哈欠,或有做其他事情等不礼貌的行为出现。

⑤要求下级结束汇报时,可以通过体态语或委婉的语气告诉对方,不能粗暴打断;当下级告辞时,应站起来相送;如果联系不多的下级来汇报时,还应送至门口,并亲切道别。

4.4.2　日常办公礼仪

可以说,办公室工作人员大部分时间是在固定的办公室里度过的,办公室不仅有工作,有事业,还有与同事、工作对象的人际交往,每一个人都希望自己在事业上有所成就,在单位里受人欢迎,这一切都离不开办公礼仪作为基石。

1)办公室基本礼仪规范

(1)上班准时,环境整洁

严格遵守作息时间,不要迟到早退。一般应提前5~10分钟到岗;做好上班前的各项准备工作,保持办公环境整洁卫生,舒适优美。

(2)工作时间,切忌闲谈

工作时间内不准扎堆闲聊;不要随意对他人评头论足;不要谈论个人薪金;不打探别人隐私。

（3）讲究效率，不干私事

上班时精神饱满，办事认真，提高效率，不拖拉，不推诿；同时，不做与工作无关的私事，如不干私活、不接听私人电话、不利用单位资源发展个人事业等。

（4）对内对外，礼貌待人

对工作对象特别要有一张笑脸，一声问候，一杯热茶，一把椅子。任何情况下都不得与工作对象发生争执、吵架，要做到礼貌待人，平等待人。

（5）异性交往，注意分寸

同异性交往时要把握好衣着、语言、动作、举止、情感的分寸，以免引起不必要的误解或影响个人形象。

2）工作交际礼仪

在实际工作中，工作人员必须妥善协调好各种人际关系，高度重视自己的每一位交往对象，对内对外都应以礼相待。

（1）内部交际

①与上级的交往。办公室工作人员在实际工作中，要处理好自己与上级的关系。处理好与上级之间的关系，需要注意以下 3 个方面的问题：一是要服从上级的领导，做好本职工作；二是要维护上级的威信，体谅上级；三是要对上级礼貌尊重，支持上级。

②与下级的交往。与下级进行交往时，工作人员切不可居高临下，虚张声势。处理好与下级之间的关系，需要注意以下 3 个方面的问题：一是要善于"礼贤下士"，尊重下级的人格；二是要善于体谅下级，重视双方的沟通；三是要善于关心下级，支持下级工作。

③与平级的交往。处理与平级同事的人际关系，不容忽视。与平级同事打交道时，以下 3 点应当予以充分重视：一是要相互团结，不允许制造分裂；二是要相互配合，不允许彼此拆台；三是要相互勉励，不允许讽刺挖苦。

（2）外部交际

不论因公还是因私，办公室工作人员与外界人士交往或相处时，既要与人为善，广结善缘，努力扩大自己的交际面，又要不忘维护企业形象与个人形象，注意检点自己的举止行为，使之不失自己的身份。

在与社会各界人士交往时，工作人员必须做好下列 5 点：一是要掌握分寸，防止表现失当；二是要公私有别，防止假公济私；三是要远离财色，防止腐败变质；四是要正视权力，防止权钱交易；五是要广交朋友，防止拉帮结派。

3）办公环境礼仪

保持整洁、舒适、优美的办公环境，不仅使人心情舒畅，有助于提高工作效率,而且体现出个人良好的工作作风和习惯素养,同时,也展示出组织的良好形象。因此,办公室工作人员要自觉维护好办公环境。

①办公场所必须保持干净整洁。

②办公用品摆放整齐,桌面不得堆放与手头无关的个人用品,如餐具、玩具、装饰品等。

③经常清理办公桌柜、文件柜,无价值或价值不大的东西应及时清理掉,以保持文件、书籍等整齐有序。

④计算机硬件部分要保持整洁,键盘、屏幕擦拭干净,打印机、复印机设备要经常清理,以保证其正常运转。

⑤经常清理茶水桌,保持桌面清洁无水迹,茶具清洁,摆放整齐。

⑥办公室垃圾箱(桶)中垃圾要及时清理,不宜久放。

⑦办公场所的电话应保持通畅,一般不在办公室打私人电话。

办公室工作人员得体的服饰、礼貌的语言、良好的待人接物行为举止,加上干净整洁的办公环境,一定会营造一个令人舒心的良好工作氛围。

实训指导

1. 让一位同学做规范的办公室职业形象的展示,教师点评,加深学生的印象。

2. 一对一进行握手、介绍、交换名片、称呼、问候、交谈的模拟。

3. 模拟办公室接拨电话的礼仪规范。

思考与练习

1. 简述称呼、问候礼仪。

2. 使用手机时应注意哪些礼仪?

3. 汇报礼仪是什么?

4. 怎样保持办公室的环境及卫生?

第5章 旅游营销人员礼仪

【本章导读】

中国作为四大文明古国之一,自古就有重礼之风尚。在市场经济越来越发达的今天,讲究现代文明礼貌已成为国人共识。而作为市场经济的一个范畴,营销观念已深入人心。旅游营销礼仪正以多种形式出现并越来越受到人们的关注,并且已经从企业扩展到一些非营利性的公共部门,如学校、医院等组织的活动中。通过对本章学习,我们应该在加强对现代旅游营销人员所必须具备的营销礼仪的基本常识的基础上,了解和掌握旅游营销活动中常用的礼仪规范。

【关键词】

旅游营销礼仪　位置礼仪　乘车礼仪　会议礼仪　促销活动礼仪　谈判礼仪　馈赠礼仪　宴请礼仪　舞会礼仪

5.1　旅游营销人员的职业形象

礼仪修养应该"礼由心生"。礼者,敬人也,心中"尊敬"二字必须要表达出来让别人知晓。常言道:"闻道有先后,术业有专攻。"对于旅游营销人员的仪容仪表,应该有更高的标准,更加有品位,更加时尚,更能够代表企业的形象。

5.1.1　毛发的修饰

这里所指的毛发,是可能被他人看到的所有体毛,应尽量做好修饰,不要让别人看见为宜。在重要场合,营销人员不穿无袖服装,应穿长袖或半袖服装;特别是男士的鼻毛、胡须及耳毛,均要注意清除;头发的修饰以"干净整洁、长短适中、不染发、发型不标新立异"为原则。

T: time
（时间）

P: place
（地点）

O: occasion
（场合）

5.1.2 提倡"化妆上岗,淡妆上岗"

①营销人员平时要多向专业老师请教,多看一些专业形象修饰方面的书籍、光碟等资料,以增加职业形象方面的专业知识。

②营销人员不要"自以为是,自成一派",不知不觉违反了形象修饰的规则,到头来弄巧成拙。

③营销人员日常化妆要遵循5个原则:一是自然,二是符合审美标准,三是系统搭配,四是化妆得体,五是不在人前化妆。

5.1.3 佩戴首饰的原则

旅游营销人员为了更充分地表达自己的审美情趣,更具有个性化,有时会选择佩戴一些首饰。在选择及佩戴首饰的过程中,应该掌握以下几个原则:

①首饰的选择应符合身份,不要佩戴过于招摇、过于标新立异的首饰,应以简单、大方、典雅为追求目标。

②质地色泽要协调,要符合着装的"TPO"原则。

③遵守当地习俗。与客户交往时,不要佩戴对方国家或民族禁忌的饰品;当发现佩戴出错时,应尽快摘下放置好,给对方形成一个良好的礼仪印象。

④佩戴的首饰总量不超过三件,且每一种不超过两件。

5.1.4　得体的着装

服饰在现代生活中,具有实用、表示职级和审美等功能。旅游营销人员在日常工作中要注意以下几个细节:

1)穿衣要领

旅游营销人员穿衣服要符合身份,扬长避短,区分场合,遵守常规,其重点为:

①色彩方面提倡"三色原则",即全身上下的主颜色不应超过 3 个,否则让人产生视觉紊乱和不协调感。

②服装款式要简单大方,不要过于时尚,以免因某些交往对象不接受而影响了工作。

③装饰点缀要少而精,如胸花的选择要精美,不要太过于"卡通"或"廉价"。

2)穿西装的礼仪

(1)正装西装和休闲西装

旅游营销人员在重要场合,一般要求穿着正装西装。色彩、款式、面料简称为"服饰三要素",是正装西装和休闲西装的最大区别。正装西装一般是单色、深色的,为纯毛面料,款式为套装;而休闲西装则可以是单色,也可以是彩色的,面料可谓更加丰富多彩,其款式常为单件。

(2)"三三原则"

①第一个三,称为"三色原则",指营销人员穿正装西装时,全身颜色不能多

于三种。

②第二个三,称为"三一定律",即鞋子、腰带、公文包三个要件的颜色要统一,且首选黑色。

③第三个三,称为"三大禁忌",忌袖口商标不拆;忌穿夹克时打领带(除制服式夹克或行业领导表示亲民时);忌袜子出问题(不宜穿白色袜子和尼龙丝袜)。

(3)具体细则

①衣扣的系法,单排扣西装下面那颗扣子不系,有多个扣子时最上面的扣子可以不系,但不能所有扣子都不系。

②西装口袋里的东西放得尽量少些,以免看上去服装不挺括,显得不够专业。

③打底的衬衫尽量为白色,这样方便配各种颜色的西装和领带,因为白色是"万能搭配色"。

④穿套装一定要打领带,不穿套装时可以不打领带;一般不用领带夹,除非穿制服或表示身份时。

以上只是旅游营销人员应该具备的职业形象的一些要领,要真正掌握其中的规律,能够运用自如,还需要具体地多学习、多实践、多总结。

5.2　日常旅游营销礼仪

5.2.1　旅游营销礼仪

1)含义及本质

旅游营销礼仪,是指旅游营销人员在营销活动中,为了维护企业或个人形象,对所交往的对象表达尊敬、友好之意而采取的一系列行为规范。

旅游营销礼仪的本质,是企业旅游营销活动中需要强调的部分,是企业形象的一种传播形式,包括企业及营销人员的行为与公众反映的礼仪,是企业和公众之间进行的一种有效的互动交流。旅游营销人员应该把个人的社交礼仪融入企业的旅游营销礼仪当中,自觉维护企业和自身形象。

2)旅游营销礼仪的作用

①有助于展示企业良好的形象。

②有助于赢得顾客的信任,使营销活动顺利开展。

③能够提高营销人员良好的个人修养,塑造成功的职业形象。

④有利于营造良好的人际关系氛围,促进社会精神文明建设。

3)旅游营销礼仪的基本原则

①互相尊重原则。

②平等互惠原则。

③诚信原则。

④宽容和理解原则。

5.2.2　旅游营销交往中的位置礼仪

位置礼仪指旅游营销人员在与对象的交往活动中,为了体现待客之道,对于位置的安排所体现出的情感利益的一种行为规范。

当以自己为参照物时,可将位置分为友好位置、公关位置、竞争位置和公共位置4种类型。具体如下:

①自己的邻居是友好位置,适用于两个人间的交谈,以表现亲密和信任。

②自己的斜对角是公关位置,常用于客户交谈或向上级汇报工作。

③自己的对面是竞争位置,用于较正式的交谈特别是谈判等场合。

④双方无沟通愿望,彼此互不干扰的位置为公共位置。

5.2.3　乘车礼仪

旅游营销人员经常要遇到乘车的情况,熟悉了解一些基本的乘车礼仪是非常必要的。

1)各种类型轿车座次的顺序

确定任何一种轿车座次的尊卑的基本要点是:谁在开车、开什么车、安全与否以及嘉宾本人的意愿等。

(1)双排座轿车的座次顺序

在由专职司机开车时,除驾驶座以外,车上的其余4个座位的尊卑顺序依次为后排右座、后排左座、后排中座、前排副驾驶座,如图5.1(a)所示。

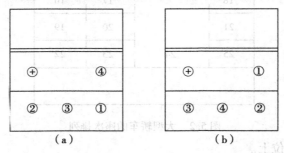

图5.1　双排座轿车的座次顺序

在由主人亲自开车时,车上4个座位的尊卑顺序依次为副驾驶座、后排右座、后排左座、后排中座,如图5.1(b)所示。

(2)大型轿车的座次排列

应当遵循"由前至后,由右至左"的原则,如图5.2所示。

2)如何乘坐轿车

旅游营销人员应当根据自己当时所处的身份,选择合适的座位,并注意上下车顺序及在车上的谈吐举止等方面的细节。

(1)乘坐轿车的一般规则

①主人陪乘双排5人座或7人座轿车并由专职司机开车时,客人应坐在面向车前方后排的右座上,陪同的主人应坐在后排的左侧座位上,秘书、译员、向导或警员应坐在副驾驶座上;如主人或主要陪同人员开车,客人则应坐到副驾驶座上,以示对开车人的尊敬。

②全家外出并由男主人驾车时,女主人应坐在副驾驶的座位上,他们的孩子

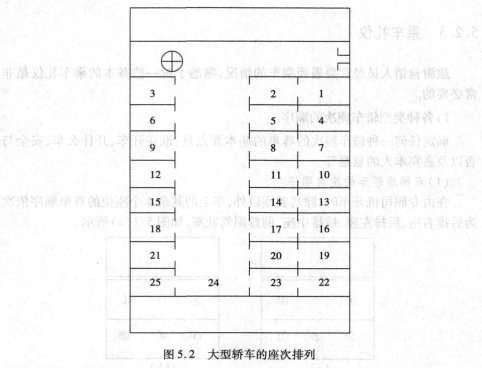

图 5.2　大型轿车的座次排列

则应坐到后排座位上。

　　③接送客人夫妇时,如果是主人夫妇开车,客人夫妇应坐在后排;若主人一人开车接送一对夫妇,则男宾应在副驾驶的座位上就座,而请女宾坐在后排。

　　④主人亲自驾车时,客人应坐于副驾驶座;如果客人中途下了车,则应再按其他客人的地位或身份以此类推,"替补"上去一个,始终不可以让副驾驶座位空着,只有一名客人时另当别论。

　　⑤下级与上司同乘,如由专职司机驾驶双排座轿车公务时,下级人员不要与上司在后排"平起平坐",应自觉地在前排副驾驶位上就座(上司习惯坐前排副驾驶位者除外);若属私交且非公务性同乘,下级可选择后排左座,而请上司坐在后排右座。

　　⑥男性与女性一起坐车时,无论职务高低,男性应坐在女性的左侧。

　　⑦按国际惯例,在乘坐由专职司机驾驶的轿车时,通常不应让女士在副驾驶座上就座。

　　总之,乘坐轿车要遵从客人意愿,只要不是在正式或礼仪性场合,轿车上的座次不宜过分拘谨。

（2）上下车礼仪

①正常情况下，请女士、长辈、上司及嘉宾首先上车，最后下车。

②乘坐大中型轿车的团体客人，上车时要按"先主宾后随员，先女宾后男宾"的顺序；服务接待人员应该最后上车；到达目的地，应由服务接待人员先下车开门，客人则按上车时的顺序下车。

③由主人亲自开车时，出于对客人的尊重，一般应由主人最后一个上车；下车时，主人也应先于他人下车，并主动帮助客人开门。

④开车门时应注意：为高位者、年老体弱者护顶，但对信仰佛教及伊斯兰教的人除外。

⑤上下轿车的正确姿势：上车时要侧身进入车内，坐稳后再收腿；下车时，也应侧身移动靠近车门后，再从容下车；穿短裙的女士上车时，应背对车门，坐下之后，再慢慢地将并拢的双腿一齐收入转向正前方；下车时，应转向车门，将并拢的双腿移出车门，双脚着地后，再缓缓移动身子下车。

（3）车上的言谈举止

①轿车行驶过程中，交谈时绝对不可畅所欲言，不应谈论隐私性话题，更不能过多地"指挥"司机开车。

②在车内不宜与司机过多交谈，当看到司机有不耐烦或敷衍的表情时，应该表示抱歉；但也不应在车上过分沉默，要把握好"度"。

③不宜在轿车内吸烟，也不要在轿车内整理衣饰、脱鞋、抖袜；女士不要在车内化妆；异性间不宜打闹或表现得过分亲热。

④不要在车内吃东西、喝饮料，也不能向车外丢弃废物和吐痰；安置好自己所带的东西，不要乱抛乱放。

5.2.4　会议礼仪

会议礼仪，是会议的主办方、承办方或相关工作人员，在会务接待过程中，对与会成员表现出的欢迎与尊敬的行为规范。会务接待服务是典型的社交礼仪活动，按其过程可分为会议准备、会间工作和会后收尾等工作。

1）会议准备与接待礼仪

①及早通知与会人员，不要临时通知，及时发放会议通知或邀请函，做到准确、礼貌、细致、热心；对于口头通知也要重视，应该告知与会者会议的议题，方便与会者提前做好准备。

②做好外地与会者的食、宿、行等安排；提前确认并告知与会者费用结算事

宜,以免会议结束时引起不必要的麻烦。

③提前询问与会者是否需要接机或接站;准时接送并做好欢迎工作;办理好酒店的预先登记等手续。

④会议资料及会场物品要准备充分和完整;应提前检查、校验设施设备。

⑤做好突发事件的预备方案。

2)会议进程中的礼仪

(1)座次及引领

①提前安排好与会者的座次;根据与会领导的抵达情况,及时作出调整;指引与会者根据座签名字就座。

②无主席台的会议,与会的最高领导安排坐在离会议室门口最远但视线最好之处,其两侧分别按身份高低就座。

(2)会场礼仪

①主办方应提前半小时抵达会场,迎接与会人员。

②接待方要协调好会场的各项服务,如提醒服务员及时添加茶水等;随时保持会议场地空气流通,控制好室内温度;及早协调音响等事宜。

③密切关注会议进程及会议效果,采取及时有效的会议跟进措施,力争做到准备充分,周到细致,使会议取得圆满成功。

3)会后收尾礼仪

①会议快结束时,会议工作人员应提前安排好欢送人员(如礼仪小姐)在会场门外恭送客人。

②引领与会者用茶歇或用餐;如计划中无安排,也要提前安排人员协调与会重要代表的离会交通等事宜。

③会议结束后,应该仔细查看会场,看是否有重要物品遗留,如果有,想办法及时查找失主并转交。

④如租用会议室或会议设施,应在会议结束后,及时核对消费数额,并签名认可,按双方约定好的时间及时结清款项。

4)参加会议礼仪

旅游营销人员参加正式会议时,代表着企业的形象,更应该注意自己的一言一行。

①出席会议时,着装整洁,最好穿正装。

②会议出席"六忌":忌迟到早退,忌四处走动,忌交头接耳,忌接听手机,忌闭目养神,忌当场吸烟。具体来讲,应该按要求准时到会;迟到或中途退场时要

轻声,最好走侧门,以尽量不打扰别人或干扰会议为原则进入会场;会上要做好记录;不随意走动或表示出不耐烦的动作;该鼓掌时要用适中力量鼓掌,并微笑致意。

③会议发言"五忌":忌事先准备不足,忌发言超过规定时间,忌缺少礼貌用语,忌对提问不耐烦并打断别人的话,忌形象仪表不佳。具体来讲,发言时应该仪态大方,先打好腹稿或写好要点,不要口若悬河,要言简意赅;虚心听取别人意见,不要立刻反驳,不要急于争辩;观察听会人员的反应,及时调整发言;发言完毕要向全体与会者致谢等。

5.2.5 促销活动礼仪

1)促销前的准备

①知己知彼。旅游营销人员要熟悉并喜爱自己所推销的产品,尽可能多地了解顾客的相关情况,包括客源地情况、顾客职业情况及顾客的性格爱好,特别要了解决策者的情况,以利于促销活动的开展。

②提前检查所带物品是否齐全。

③提前与客户预约,准时到场。

④良好的仪态是成功推销的基础。旅游营销人员仪表要整洁大方,注意个

人卫生并适当运用修饰;在做促销活动前,提前检查自己的形象是否符合规范及客户单位的礼仪要求;一般应着传统、简约、高雅、规范的正式服装;特别应该注意,如果会见、会谈的对方是外宾,就女士而言,裙装特别是套裙才是得体的装束,而裤装是不符合礼仪要求的。

2)促销技巧

(1)良好的行为举止

良好的行为举止能够给客人良好的第一印象,比较容易让客人接受你,为接受你所推销的产品打下良好的基础,同时还可以提升个人和企业的形象。旅游营销人员应注意:

①拜访客户时,进门前先敲门,征得同意后方可进入;初次见面时要主动出示名片,主动问候在场人员,待对方请你入座时方可入座。

②不要主动请客人抽烟,自己尽量不要当着客人的面吸烟;客人为自己倒茶水时应该双手接住并道谢。

③不要过分主动地送上自己的推销资料,除非客人感兴趣或你需要资料来展示,方可拿出。

④不浪费客人的时间,选择合适的时机道别。会见、会谈结束后,要告知客人下一步的计划和处理时间;要及时收回所带物品,不要遗留个人用品如手机、钢笔等物而又匆忙回来取,这会给客人造成不良的印象。

⑤注意用餐、送别等重要环节的礼貌礼节。

(2)正确的沟通方式

①保持良好的微笑。微笑是交际活动中的万能钥匙,是良好沟通的开始。

②注意控制推销时的语言。特别要注意语调与语音的运用,该简略的要简略,该强调的要强调。

③注意把握讲话时机。养成认真倾听的好习惯;适当增加一些提问,随时表示出你的热情和专注;避免不雅的动作和姿态;不讲粗话,使用敬语,不随便插话;轮到自己表达时要思路清晰。

④综合运用沟通方法,注意察言观色,适时进行推销;谈论客人感兴趣的话题;采用利益接近法、问题接近法、演示法、案例法等促销方法,增强客人对产品的信息,激起客人的购买欲。

5.2.6　营销谈判中的礼仪

谈判前应该准备充分,包括情报搜集、邀约谈判、谈判协议的草拟等。谈判时,旅游营销人员要注意以下几个方面:

1)谈判人员的服饰礼仪

谈判人员的着装一般不应太个性化,通常是西装打扮。男士应剃须,穿西装打领带,领带不宜太花哨或太过休闲;女士应穿套装,化淡妆,不宜穿过高、过细的高跟鞋。

2)谈判语言礼仪

①谈判人员应该思维敏捷,言语表达准确,具有良好的沟通能力和观察应变能力,同时还要具有良好的情绪控制能力。

②谈判人员要具有较好的口才,但不应咄咄逼人,而应以征询、协商的语气为主。

③谈判用语应刚柔并济,但应坚持原则。

3)谈判的环境礼仪

谈判环境的选择、布置得恰当,将有利于融洽气氛的营造,促使谈判获得成功。谈判的场所应该做到:外围交通便利,内部优雅安静;谈判房间大小适中;房内光线适宜等。

4)谈判的座次礼仪

一般为甲乙双方各一边,双方以主谈人为中心,展开谈判。双边谈判人员应面对面而坐,双方主谈人应坐在平等而相对的位置;翻译坐在主谈人旁;可以用名字座签标明座位的安排,以暗示地位的高低、权力的大小,防止座位的随意性。

5)谈判的策略礼仪

谈判时,旅游营销人员要明示姿态,在适当让步时还要为自己方争取利益;要善于打破僵局,通过暂停谈判、调整谈判人员及场合等方式来达成双方的共识;谈判完毕,可以通过宴请、赠礼或联谊等方式,进一步增进双方的交流,为谈判结果的实施奠定更好的基础;在进行双方的电话、传真、邮件的沟通时,注意语言交流的准确性;在互利互惠、平等自愿的基础上,适时互换立场,在保证己方利益的前提下,充分照顾对方的利益,提出合理的条款。

5.2.7 馈赠礼仪

在社交场合中,为了表达自己的友好、慰问、祝贺、感谢等心意,加深对方的印象,一般可以向对方赠送礼品,以作留念。在馈赠和接受礼品时,旅游营销人员应注意:

①礼品的选择。礼品不宜贵重,否则会产生其他歧义。应该在了解对方的爱好、性格等基础上,有的放矢地选送礼品。可以选择有当地特色的,能代表公司意图的,携带方便的礼品。礼品应讲究一定的包装,以体现赠礼者自身的修养和审美情趣。

②给对方赠送礼品时,要面带微笑,诚意婉转,可以借一些文字来表达,必要时可以附上送礼之人或公司的名片。

③接受礼品时,特别是外宾向你赠送礼品时,一般要当面打开,一面欣赏,一面说一些表示喜欢和感谢的话。

④拒收礼品一般是不允许的,因故确实不得不拒绝,态度也应当委婉而真诚,向其说明原委,以取得对方的谅解。

5.2.8 参加大型活动的礼仪

1)注意形象

总的说来,旅游营销人员参加大型活动时,忌穿奇装异服,忌浓妆艳抹,要遵循 TPO 原则,有着装要求的按要求着装。

2)注意身份

①明确自己所处的位置和重要性,不要喧宾夺主。

②在交换名片、握手及自我介绍时不要夸夸其谈,要有互动交流。

③在嘉宾签名簿上,不要抢占最显眼位置大笔一挥,也不要轻描淡写不够重视。

④如果担任主持,应充分了解并记住来宾情况,特别不能在称呼和头衔上弄错。

⑤被别人介绍给他人认识时要有所回应,可以微微欠身,或含笑点头,同时对被介绍人应当行注目礼,而不应东张西望或面露不屑。

⑥不应窃窃私语,或让手机的响声影响了他人。

⑦仪式活动中若有合影留念,切忌抢占前排中心位置;自己作为安排人时,忌简单地按照官职大小、地位高低论资排位,还应当按女士优先、先老后少、先矮后高、先客后主等原则排序,同时考虑服装的协调。

5.2.9 宴请礼仪

在旅游营销活动中,为了传递友谊、沟通感情,往往选择"宴请"这一轻松而又传统的方式进行交流。宴请的形式一般分为正式宴会和便宴两种,常见的便宴形式有:家宴、冷餐会、酒会、茶会等;而正式宴会一般由迎宾、等候、入席、致辞、就餐、结束、送客等几个程序组成。下面就一些旅游营销人员特别应该注意的问题作简要介绍:

1)发出邀请

正式宴请活动应该发出请柬,这既是一种礼貌,又对客人起到备忘的作用。请柬一般应提前一至两周发出;请柬上要注明宴会活动的名称、邀请范围、宴请主人、时间、地点及着装要求等。一般的宴请可以用电话邀请,工作进餐还可以口头邀请。

2)席位安排

在正式的中餐宴会上,若无特殊原因,主人通常应当就座于餐桌面对正门的居中位置,主宾应在主人的右侧就座;而在西式宴会上,主宾则可能被安排在主人正对面就座,主宾夫人安排在男主人右侧,按照以右为尊的原则,依此类推。

3)确定菜单及陪同名单

①确定菜单时应掌握如下几个原则:按照预算,并合乎规格和档次;了解禁忌,避免点忌食菜品;注意营养搭配;突出地方特色;印制菜单至少一桌一份等。

②宴会上陪客的名单,最好提前由主人征得主宾同意后方可确定,切忌临时挑选陪同人员。

4)用餐礼仪

(1)西餐礼仪

西餐的上菜顺序为头盘、汤、副菜、主菜、蔬菜类菜肴、甜品、咖啡等。宴请客人用西餐时应该注意以下方面:

①赴约守时。西式宴会是绝对按照预定的时间进行的,因此,应邀赴宴,不能迟到,但也无须早到。

②服装得体。再昂贵的休闲服,也不能随意穿着上西餐厅;男士要穿着整洁

的上衣和皮鞋;女士要穿套装和有跟的鞋子;如果要求穿正式服装的话,男士必须打领带。

③入座。由椅子的左侧入座。当椅子被拉开后,身体在几乎要碰到桌子的距离站直,服务员会把椅子推进来,腿弯碰到后面的椅子时,就可以坐下来。

④用餐。用餐时,腹部和桌子保持约一个拳头的距离;两脚交叉的坐姿最好避免;就座时,身体要端正,手肘不要放在桌面上;不可跷足;餐台上已摆好的餐具不要随意摆弄。

当餐桌上有多副刀叉并排时,须按先外后内的顺序依次取用。在西餐用餐过程中,有些比较重要的程序,具体要求是:

a. 使用刀叉。基本原则是右手持刀或汤匙,左手拿叉;每吃完一道菜,将刀叉并拢放在盘中;如果吃到一半想放下刀叉略作休息,应把刀叉以"八字形"摆在盘子中央,刀刃朝向自身,表示还要继续吃;刀叉不应突出到盘子外面。

b. 饮酒。用三根手指轻握杯脚,倾斜酒杯,将酒放在舌头上喝;轻轻摇动酒杯,让酒与空气接触以增加酒味的醇香;饮酒干杯时,即使不喝,也应该将杯口在唇上碰一碰,以示敬意;当服务员为你斟酒时,别拿起酒杯,应把它放在桌上,不想再添酒或根本不喝时,只需做个手势,切勿用手蒙住酒杯或倒扣在桌上。

c. 喝汤。应先用汤匙将汤舀起,汤匙的底部放在下唇的位置将汤送入口中;汤匙与嘴部呈45°角较好;身体上半部略微前倾;碗中的汤剩下不多时,可用手指将碗略微抬高;如果汤碗带手柄,可直接端起来喝。

d. 喝咖啡。左手托盘,托至齐胸处,右手持杯耳,然后把咖啡杯端起慢慢品饮;饮一口,就将咖啡杯放回托盘,再放到桌上;小匙是用来搅拌咖啡用的,将小匙放在杯子内或用小匙舀着喝咖啡,都是失礼的行为。

e. 餐巾。宴会开始时,主人拿起餐巾,即准备进餐,客人随后拿起餐巾;散席前收起餐巾也以主人为先,若反之,则失礼;将餐巾平铺在腿上,盖住膝盖以上的双腿部分,不能围在脖子上、系在裤腰带上或塞入领口。

f. 手提包。在欧美,女士入座后,通常会直接把手提包放在脚边的地板上;除了夹在腋下的小皮包外,其他手提包不能放在餐桌上;如果不习惯把手提包放在地板上,可以把包放在自己和椅子之间;若是邻座没有人,也可以放置在邻座椅子上,或挂在皮包架上。

g. 退席。一般不要在进餐中途退席,特别是在正式宴会中;如有急事确需离开,应向左右的客人小声打招呼。

(2)中餐礼仪

中餐的出菜顺序一般为开胃菜、主菜、点心、水果等。

宴请客人中餐时,应注意以下几个方面:

①服装。用餐时应着正装;一般不要在宴请过程中脱外衣,如感觉用餐过程中会热,则应在宴请正式开始前就脱去外衣,并请服务员挂好。

②入座。坐姿要端正,脚放在本人座位下,不要任意延伸或两腿不停摇晃;手肘不得靠桌边或将手放在邻座椅背上;入座后,不要旁若无人,也不要眼睛直盯盘中菜肴,显出迫不及待的样子。

③交谈。应主动和同席客人交谈,但不要急于插入别人正在讨论的话题,应先聆听;别人谈论私人话题时应回避,不要做出很感兴趣的表情;交谈内容不要涉及对方的隐私,也不要传播一些不健康的信息,保持良好的社交形象。

④用餐。一般是主人示意开始后再开始,具体要求为:

a. 就餐的动作。就餐动作要文雅,夹菜动作要轻,用餐速度适中,小口进食;要把菜先放到自己的小盘里,再用筷子夹起放进嘴里;用餐时,如要用摆在同桌其他客人面前的调味品,应先向别人打个招呼再拿,如果太远,要客气地请人代劳;如果在用餐时非得需要剔牙,要用左手或手帕遮掩,右手用牙签轻轻剔牙,并用事先准备好的纸巾包住。

b. 喝酒。一味地给别人劝酒、灌酒,特别是给不胜酒力的人劝酒、灌酒,都是失礼的表现;酒喝七分饱,以免失态。

c. 劝菜。中餐提倡劝菜不夹菜,即使要夹菜,也要征得对方同意,并用公筷公勺夹菜,不要勉强客人。

d. 离席。如果宴会没有结束,而你已用完餐,不要随意离席,要等主人和主宾餐毕先起身离席,其他客人才能依次离席。

e. 其他。用餐期间,注意将手机调至振动挡;接听电话时声音要小,注意礼貌用语;不要当众训斥通话对方或与之过多交谈,更不应该喜形于色,旁若无人;若是不适宜当众接听的电话,应该接通后起身,与身旁人礼貌招呼,出去接听,但要注意把握通话时间,以免造成误会。

（3）自助餐

自助餐是借鉴西方、近年来较为流行的现代用餐方式,它不排席位,也不安排统一的菜单,而是把能提供的全部菜肴、酒水陈列在一起,根据用餐者的个人爱好,自己选择、加工和享用。采取这种方式宴请,可以节省费用,礼仪讲究不多,宾主都方便,有时甚至会显得稍微随意一些。但在用自助餐时,也有一些礼仪规范,要注意以下几点:

①每次取菜都应该用干净的餐盘、干净的水杯,不要拿起自己用过的盘子、杯子再去取食品。

②按量取食,不能贪多造成浪费;不能夹带食品出自助餐厅。

③不能争抢美食,要按顺序排队取食,文明就餐;不要一直占用一个菜夹夹其他餐盒中的食品,以免串味,同时也影响了他人的正常取用。

④请服务员及时为客人换干净的餐盘,随时保持餐台的整洁。

⑤食品供应跟不上时,不要大声嚷嚷,要迅速告知服务员;待菜补来时,也要依次排队取用。

5.2.10　旅游营销人员参加舞会礼仪

舞会可以增进友谊,锻炼身体,陶冶情操,结识朋友,扩大交际。旅游营销人员因工作的需要,难免会参加或举办一些规模大小不一的舞会,因此要熟悉一些舞会的基本礼仪。

1)了解舞蹈的基本知识

在参加舞会前,应当了解一些舞蹈的基本知识。可以请教他人,或通过光盘来学习一些基本舞步。

2)注意修饰自身形象

不要涂抹太浓郁的香水;不吃辛辣食物,口腔保持清洁;穿美观结实的鞋子;佩戴饰物限三种两件(即所戴饰物至多不超过三种,每一种饰物不超过两件;戒指宜戴于薄纱手套之内;戒指宜戴于左手,且不宜多于两枚);注意不要携带太多私人物品及贵重物品进舞会场所。

3)邀舞礼仪

舞会上邀请舞伴应当两厢情愿,提倡在异性之间相邀。一般情况下,应由男士邀请女士;如果女士邀请男士时,男士不应拒绝;如果女士不想跳,男士不应勉强,而女士应委婉拒绝,女士可以告之"这种舞我不会跳"或"已经有人约我了",以给男士一个"台阶"下。

4)邀舞顺序

在正式舞会上,第一支舞曲是主人夫妇、主宾夫妇共舞;第二支舞曲是男主人与女主宾、女主人与男主宾共舞。随后,男主人应按礼宾顺序,邀请第二、第三位男宾的女伴共舞,而这些女士的男伴应适时邀请女主人共舞。男女结伴参加舞会,按惯例第一支和最后一支舞曲应共舞;在整场舞会中,同舞应以两次为限,应有意地交换舞伴,扩大自己的社交面。

5)舞会中的言谈举止

①舞会是一个高尚的社交场合,在和别人交谈时,要选择一些大家感兴趣的,同时又高雅的话题,而不应该窃窃私语,对他人品头论足。

②在与舞伴交谈时,应少而精,以舞为主,谈论为辅;注意双方的眼神及亲密程度要适可而止,不要给他人造成误会和不良的影响。

③随时保持良好的状态,如保持微笑,彬彬有礼,正确使用礼貌语言。作为男士,要照顾好女士,而被照顾的女士,也应当给对方以感谢之辞。

总之,旅游营销礼仪工作范围广,服务对象多变。要求营销人员要从各个细节入手,考虑周全,事事用心,平时不断提高自身修养,努力学习礼仪知识,才能在日益激烈的市场竞争中,将营销工作做得更加出色。

实训指导

1. 由男女同学分组,练习营销活动中的邀舞及婉拒礼仪。要求用身体语言表示,同时用语言阐述舞会的仪容仪表要求。

2. 模拟表演中餐、西餐及自助餐的用餐礼仪。

3. 根据不同的场景,分别描述乘车礼仪及营销人员的促销礼仪。

思考练习题

1. 作为营销人员,其礼仪要求与一般服务员有何不同?

2. 穿西装时,服饰的三要素是指什么?"三三原则"又是指什么?

3. 参加大型活动时,对于旅游营销人员有何具体的礼仪要求?

4. 宴请分为哪几种? 中西餐的上菜顺序和用餐礼仪有何异同?

第 6 章
空港服务礼仪

【本章导读】

空港是城市的一张名片,是国际国内的交流窗口,也是国家交通运输网络的枢纽。长期以来,民航服务一直走在高质服务的前沿,致力于为旅客提供方便、快捷、舒适、人性化和个性化的服务。随着时代的进步,航空运输市场的竞争日益激烈,航空公司需要更为科学、规范、现代化的管理,而广大旅客也对民航服务提出了更高更新的服务要求。作为民航一员,每个职工都要外塑形象,苦练内功,为广大旅客展现民航人的新面貌。

通过对本章的学习,我们应该掌握空港工作人员的形象要求,掌握空乘在客舱服务时应该注意的礼貌礼节,了解旅客进出空港的服务流程、旅客乘机手续的办理、旅客行李的运输规定以及旅客在客舱中应该注意的礼貌礼节。

【关键词】

职业形象　客舱服务　进出港服务流程　乘机手续　行李运输　客舱礼貌礼节

6.1　空港服务职业形象

总体来说,空港服务的职业形象应是热情有礼,面带微笑,举止文雅,服饰整洁,作风干练务实,为人谦虚谨慎,对待工作孜孜不倦,照顾旅客细致入微。

6.1.1　空勤乘务员的形象要求

1)着装

着装整齐,根据季节变换着统一工作服,佩戴工号牌;化红色系列的淡妆;保持工作服的清洁挺括;女乘务员必须穿着肉色连裤袜,男乘务员应穿着黑色短

袜;上岗时仅限黑色工作鞋,保持皮鞋的光亮整洁,因为一个人的鞋子是否光洁,最能反映其生活态度和品位,作为乘务员应该重视这个细节;餐饮服务时应该穿围裙,围裙也要洗熨整齐,进入卫生间前要脱下,头等舱乘务员不戴围裙,男乘务员不穿围裙,但无论何时都要系好领带。

2)发型

保持头发的清洁柔软,不染发;女乘务员的长发要盘起来,用发网兜住,额头梳理光洁,零散的头发用定型水或黑色别针固定,若有刘海,不能遮住眉毛;男乘务员的头发应经常修剪,不留鬓角,不留长发,使用定型水固定,胡须剃净。

3)饰物

手表应该选择保守简单的款式,表带颜色仅限黑色、银色、金色,宽度不超过2厘米;戒指可戴一枚,设计简单,镶嵌物直径不超过5毫米;可以戴一对耳针,式样和设计要简单保守,直径不超过5毫米;可戴一条宽度不超过5毫米的项链;不允许戴手链、手镯、脚链。

4)卫生

常洗澡,常换衣;常修剪指甲,长度不超过手指2毫米;保持手部细腻白皙,乘务员的手要经常呈现在旅客眼前,因此要注意保持干净整洁;不涂指甲油,不使用假指甲;航班时间较长,应该到卫生间及时补妆梳头,时刻给旅客展现最佳状态。

5)体态

(1)站姿

背伸直,双手自然下垂,双肩放松并向下压,双眼平视前方,面带微笑,表情自然,下颚微收,身体重心在两腿之间,挺胸收腹。

(2)坐姿

坐乘务员的专用座位,双腿合拢,保持上身的垂直,轻靠椅背;入座前适当整理裙子,入座后不得交叉双腿或跷二郎腿。

(3)蹲姿

下蹲时保持上身的挺直,双腿前高后低,不要深弯腰或将臀部翘起,弯腰超过45°应该下蹲,注意轻蹲轻起。

(4)行走

在良好站姿的基础上,挺胸收腹,走直线;身体摆动幅度不宜过大;行走时不要左顾右盼;除紧急情况外,不得在客舱通道上跑动。

6.1.2 地面服务工作人员的形象要求

1）发型要求

女性头发要整齐，不得染发，刘海不能遮住眉毛和眼睛，长发过肩要扎起来，头饰选用统一黑色；男性头发不宜过短或过长，不剃光头。

2）脸部要求

女性上岗时要化淡妆，妆色要柔和大方；男性胡须要剃干净。

3）指甲要求

经常修剪指甲，不留长指甲，不涂鲜艳的指甲油。

4）着装要求

一线的职工必须穿着统一的工作服，其他部门根据需要着装；仅限黑色皮鞋；男性须打领带；工作时间内，工作人员必须佩戴工号牌和通行证；女性仅限肉色丝袜，不能穿网眼或带花纹的袜子。

5）首饰要求

装饰品应与制服协调，不能佩戴华丽或下垂的耳环；限戴细的戒指一枚；不能将项链戴在衣服外面；不能使用较厚、较大的围巾。

6.2 候机楼服务接待礼仪

6.2.1 旅客进出港服务流程简述

1) 国内航班出港服务流程

一般的国内航班出港服务流程分为：办理乘机手续，托运行李，换取登机牌→安检服务→候机服务→组织登机服务。

2) 国际航班服务流程

一般的国际航班出港服务流程分为：通过海关→办理乘机手续，托运行李，换取登机牌→检验检疫→边防检查→安检服务→候机服务→组织登机服务。

3) 国际旅客进港服务流程

一般的国际旅客进港服务流程分为：航班到达→卫生检验检疫→边防检查→提取行李→通过海关→进入到达大厅→离开机场。

4) 国内旅客进港服务流程

一般的国内旅客进港服务流程分为：航班到达→提取行李→离开机场。

6.2.2 候机楼服务人员基本礼仪要求

1) 仪容仪表

候机楼服务人员上岗时一律要求穿着工作服；服饰整洁；佩戴服务标牌；仪表端庄，表情自然，亲切大方；态度和蔼。

2) 服务态度

候机楼服务人员要求为客人提供微笑服务，热情周到；回答问题迅速、准确、耐心，有问必答；对重要客人、老弱病残客人提供特殊照顾；尊重民族习俗和宗教信仰；认真及时地处理旅客的意见和要求；随时使用礼貌语言等。

6.2.3　候机楼各部门服务接待礼仪

1）值机

办理值机手续人员应该提供准确迅速的服务；100座以上的飞机提前90分钟开始办理，100座以下的飞机提前60分钟开始办理；对旅客热情耐心有礼，保证不让旅客等候时间过长。

2）问询

问询工作人员应该及时掌握航班动态，准确回答旅客问询。接受旅客问询时要起立；电话问询响铃不超过三声；接电话时应先说："您好！机场问询"。

3）安检

安检人员要遵守国家和民航的有关工作规定，依法严格执勤；尊重旅客，使用礼貌用语；对旅客身体检查时应由对应的男女检查员进行。

4）综合服务

综合服务的服务员要主动、正确地引导旅客上下飞机；及时准确地核对旅客身份及其登机牌；中转过境旅客要有专人接待；对特殊旅客提供特殊服务等。

5）行李交付

航班到达20分钟内交付第一件行李，60分钟内交付完毕；交付行李要准确迅速；及时核对行李牌号。

6）航班不正常时的服务

航班延误信息不确定时，每隔30分钟通报一次最新动态；延误两个小时以上，又正值用餐时间的，应该为旅客提供餐食；延误4个小时以上的，应该送旅客到宾馆休息；由于承运人原因导致的航班延误或取消，在始发站应该负责旅客的食宿；非承运人原因引起的延误或取消，在始发站为旅客安排食宿，费用由旅客自理；在经停站延误或取消，无论是否承运人原因，都要负责提供食宿。

6.3　客舱服务接待礼仪

礼貌表示对他人的尊重与友好，是一个人的修养与精神面貌的具体表现。乘务员在客舱接待旅客的工作中，首先应做到文明礼貌，要创造一个使旅客心情舒畅、温馨愉快的环境。

6.3.1 5 个原则

乘务员在接待旅客时应该掌握的 5 个原则是:问候、微笑、态度、语言、仪表。

1)问候

①问候要争取主动。

②问候时声音要清晰洪亮。

③问候时要注视旅客的眼睛。

④问候的方式要根据旅客的年龄、性别、身份、场合等因素来选择。

2)微笑

亲切的笑容所包含的意义是健康的、发自内心的、洋溢在双眼中的。

3)态度

态度主要是通过乘务员的情绪、动作、语言表现出来。乘务员对旅客的态度应是谦虚诚恳、热情服务、主动关怀;遵循真诚原则、明朗原则、善意原则、智慧原则为旅客提供优质的服务。

(1)情绪的控制

乘务员必须善于控制自己的情绪,善于忍耐,以一种平稳的心态与旅客接触。无论何时,都应站在旅客的角度来考虑问题。当旅客情绪不佳或焦虑不安时,乘务员不能以相同的心情与旅客接触,要善于体谅旅客的心情,以明朗心情投入工作。

（2）动作的控制

乘务员应该保持良好的姿态,特别是与旅客交谈时要站姿端正、目光自然、正对旅客;在服务的过程中要保持动作幅度不宜过大;举止既要轻巧又要稳重;避免与旅客身体接触。乘务员的动作原则是保持重心、身体力行、保持平衡、附近操作、避免重复。

4）语言

语言交流因人而异,乘务员在与客人交流时,应尽量避免使用专用术语;注意语言与动作要一致;说话时避免夸张的表情与动作;在表达否定意思时要注意语气和语言的艺术;交谈中口齿要清楚,语气要温和;语言要简单明了,给旅客以信赖感和体贴感。

5）仪表

乘务员面对旅客应保持仪表整洁端庄,避免过多的首饰,妆容以淡雅清新为主;在飞行过程中要每隔两小时补一次妆,特别是餐后要及时补妆。

6.3.2 客舱服务行为礼仪

1）谈话

①与旅客谈话时不要边说边走,双手不要抱在胸前或叉在裤包里;身体不要歪斜或靠在椅背上。

②不要反复看手表,显出很不耐烦的样子。

③不要随意打断旅客之间的谈话,不得已打断时要先说"对不起";对旅客提出的要求尽量做到,做不到的要表示道歉。

④乘务员之间谈话时避免音量过大,不得议论旅客;不要谈论敏感的话题,如旅客的年龄、身份、收入等。

2）服务礼仪

①面带微笑,举止文雅,使用礼貌语言。

②乘务员进入客舱前适当整理衣饰,不要当着旅客的面补妆或梳理头发。

③打扫卫生间时要解下围裙。

④为旅客发送物品要逐一递送,介绍名称,请其选用;同一排由里向外递送,注意女士、老人和小孩优先。

⑤送水果和餐盘时注意,刀叉尖端不能对着旅客,主菜应靠近旅客。

⑥无意间碰撞了旅客要及时道歉,答应旅客的事要及时完成,避免言而

无信。

⑦机上遇见熟人应该主动打招呼,表示欢迎,但不要给予很特殊的照顾和服务,避免引起其他旅客的不满。

⑧手托住杯子的下部1/3处,避免触摸到杯口;重度颠簸时避免送热饮;给老人和小孩送热饮时适当提醒以免烫伤。

⑨使用托盘时注意用拇指握住盘边,其余四指托住盘底,托盘应始终对着通道。

⑩遇到挑剔的旅客应该耐心细致,避免发生口角;对举止不端的旅客应该镇静回避,必要时报告机长处理。

⑪对需要特殊餐食的旅客要优先服务;对客舱中的老人、小孩或伤残旅客以及重要客人要提供优先服务、特殊服务或指定专人服务。

⑫倒单杯饮料时避免抬起大臂。

⑬为旅客发送报刊时注意刊头正对旅客。

⑭头等舱服务要求精致细腻,实行姓氏尊称服务;乘务员要保持头等舱的安静优雅,相对隔离,劝阻其他旅客进入头等舱;按照头等舱特殊要求进行服务。

⑮头等舱的卫生间每使用一人次就打扫;普通舱的卫生间每使用三人次就打扫;随时保持卫生间干净,无异味。

6.4 旅客乘机礼仪

作为一名旅客,当飞机在万米高空飞行时,客舱中的你是否优雅从容,是否与机上环境与人群相协调,这是关乎自身修养与道德水准的问题。旅客乘机时要塑造自己的良好形象,应该遵守以下的规则:

6.4.1　到达机场的时间

应在规定时间前到达机场,以免引起慌乱,并给机场服务人员造成麻烦。

①在飞机起飞时间90分钟之前赶到机场,文明办理相关手续。

②航班乘机手续的办理时间在起飞前30分钟停止。

6.4.2　行李

乘客要知道一些相关的飞机托运规定等条例,避免一些纠纷的发生。

①不要将过大的行李带入客舱。按照民航有关规定,乘坐头等舱的旅客允许带两件手提行李,体积不得大于20厘米×40厘米×55厘米,每件不超过5千克;乘坐经济舱的旅客同样体积重量标准的行李只允许带一件。

②托运行李的免费额为:头等舱旅客40千克,公务舱旅客30千克,经济舱旅客为20千克。每件行李重量不得大于50千克,体积不超过40厘米×60厘米×100厘米。

6.4.3　客舱中的礼仪

①不要携带易燃易爆物品或小刀等物品;手提行李可以放入行李架或座位下面;按照登机牌上的号码对号入座。

②向相邻的旅客点头致意,使你的空中旅途有个愉快的开始。

③尊重乘务员,对她们的服务报以微笑和谢意,有什么需要可以按铃向乘务员提出,但不要提出过分的要求。

④飞机机舱内通风有限,请尽量不要使用刺鼻的香水或脱鞋;注意保持清新的体味。

⑤机上饮酒要适量,一般喝酒量至平时的1/3即可;登机前也不要过量饮酒,避免在醉酒状态下乘机。按照民航规定,醉酒者若给其他旅客带来明显不快,承运人有权拒绝其登机。

⑥用餐期间不要放倒坐椅靠背,以方便后排旅客用餐。

⑦保持机上卫生间清洁,不要长时间占用。

⑧遵守乘务员和机舱的各种安全警示和要求。

若能做到以上这些,相信你一定会成为一名受欢迎的、文明的旅客,会给自己和他人带来一个愉快的旅程。

实训指导

1.学生形象模拟训练,按照要求整理发型、服装、化妆、仪容、仪表。

2.设立客舱服务场景,学生模拟在客舱服务时的礼貌礼节。

3.模拟设立值机、安检、候机、登机的场景,学生分别练习不同工作岗位的礼貌礼节。

4.假设教室是一个客舱环境,学生分别模拟不同的旅客,突出礼貌礼节的正反两方,使学生领会什么样的旅客受人欢迎。

思考与练习

1.请说出候机楼国内旅客出发的服务流程。

2.请说出对民航地勤服务人员服务礼仪的总体要求。

3.对空勤服务人员形象有哪些要求?

4.乘务员在客舱服务时应注意哪些礼貌礼节?

5.如何才能做一个受人欢迎的旅客?

第 7 章
主要客源国及宗教礼仪

【本章导读】

在人类社会的发展中,由于地理环境、社会形态等不同,形成了不同的国家、民族和宗教,各个国家、民族、宗教之间有着自己的文化和历史背景。要了解以上这些内容应先从研究他们各自的习俗禁忌开始。

客源国是经过我国政府批准、允许旅行社组织旅游者前往的国家。无论是对于旅游行业从业人员,还是置身其中的旅游者,熟悉和了解一些主要国家的民俗禁忌是很有用的。

通过对本章的学习,我们应该了解主要客源国、各大宗教的概况,熟悉其各自的习俗禁忌,并掌握其基本礼仪常识。

【关键词】

日本 韩国 新加坡 马来西亚 英国 法国 俄罗斯 意大利 美国 加拿大 巴西 埃及 南非 澳大利亚 新西兰 佛教 道教 基督教 伊斯兰教

7.1 亚洲主要国家民俗禁忌

7.1.1 日本

1)概况

日本位于太平洋西岸,是一个由东北向西南延伸的弧形岛国,西隔东海、黄海、朝鲜海峡、日本海与中国、朝鲜、韩国和俄罗斯相望。领土由北海道、本州、四国、九州 4 个大岛和其他多个小岛屿组成,故日本又称"千岛之国"。日本陆地面积约 37.78 万平方千米,地处温带,气候温和、四季分明。樱花是日本的国花,

每到春季,青山绿水间樱花烂漫,蔚为壮观。日本境内多山,山地约占总面积的70%,大多数为火山,其中著名的活火山富士山海拔3 776米,是日本最高的山,也是日本的象征。日本地震频发,每年发生有感地震1 000多次,是世界上地震最多的国家,全球10%的地震均发生在日本及其周边地区。

2)礼仪

(1)见面礼节

日本人见面多行鞠躬礼。人们相互间一般是行30°或45°的鞠躬礼,鞠躬弯腰的深浅不同,表示的含义也不同:弯腰最低也最有礼貌的鞠躬称为"最敬礼";男性鞠躬时,两手自然下垂放在衣裤两侧;对对方表示恭敬时,多以左手搭在右手上,放在身前行鞠躬礼,女性尤其如此。

(2)服饰礼仪

日本人无论在正式场合还是非正式场合,都很注重自己的衣着。在正式场合,男子穿西服时都打领带。和服是日本的传统服装,一般由一块布料缝制而成。现在男子除一些特殊职业者外,在公共场所很少穿和服。

(3)仪态礼仪

日本人常常是满脸笑容;妇女在地板上就座时,总是坐在卷曲的腿上。

(4)相见礼仪

日本人的名字一般由4个字组成,前两个字是家族的名字,后两个字是自己的名字。一般情况下,日本人不喜欢作自我介绍;作为介绍人,通常要说出被介绍人与自己的关系,以及他的称谓和所在单位名称等。日本人比较喜欢送礼物,日本人送礼时,送成双成对的礼物,如一对笔、两瓶酒很受欢迎,但送新婚夫妇红包时,忌讳送 2 万日元和 2 的倍数,日本民间认为"2"这个数字容易导致夫妻感情破裂,一般送 3 万、5 万或 7 万日元。

(5)喜丧礼仪

在日本,人们重视新生命的诞生。日本传统的婚礼仪式是:婚礼前 3 天,新娘家里的人把新娘全部用品搬到新房。现在,日本的婚礼形式多样,有在神社举办的,有在基督教堂举办的。

(6)旅游礼仪

在日本,市区的公共汽车四通八达,坐出租车费用很高。日本不流行给小费,付小费时应把钱放在信封里或用纸巾包裹着,因为日本人认为收现钞是一件很难堪的事。

3)禁忌

日本人大多数信奉神道和佛教;不喜欢紫色,认为紫色是悲伤的色调;最忌讳绿色,认为绿色是不祥之色;还忌讳 3 人一起"合影",认为中间者被左右两人夹着,这是不幸的预兆。

日本人忌讳荷花,认为荷花是丧花。探望病人时忌用山茶花及淡黄色、白色的花。日本人不愿接受有菊花或菊花图案的东西或礼物,因为它是皇室家族的标志。日本人喜欢的图案是松、竹、梅、鸭子、乌龟等。

日本人有不少语言忌讳,如"苦"和"死",就连谐音的一些词语也在忌讳之列,如数字"4"的发音与死相同,"42"的发音是死的动词,"13"也是忌讳的数字。

日本人在饮食中的忌讳也很多,如不吃肥肉和猪内脏,不吃羊肉和鸭子;忌讳招待客人时盛饭过满,也不可一勺就盛好一碗,忌讳客人吃饭一碗就够;用餐时,不能把筷子插在盛满饭的碗上;吃饭时禁忌敲饭碗;忌讳在锅盖上切东西;忌讳把红豆饭浇上酱汤吃;作为客人就餐时,忌讳过分注意自己的服装或用手抚摸头发等。

7.1.2　韩国

1)概况

韩国位于亚洲大陆东北朝鲜半岛的南半部,东、南、西三面环海,面积 9.96万平方千米,半岛海岸线全长约 1.7 万千米(包括岛屿海岸线)。地形东北高、西南低,山地面积约占 70%。属温带季风气候,年均气温 13 ℃,降水量 1 300 ~ 1 500毫米,冬季平均气温为零度以下,夏季 8 月份最热,平均气温为 25 ℃,三四

月份和夏初时易受台风侵袭。

2）礼仪

（1）社交礼仪

在社交礼仪上，韩国一般不采用握手作为见面的礼节。一般情况下，妇女不和男子握手，以点头或是鞠躬作为常见礼仪；在称呼上多使用敬语和尊称，很少会直接称呼对方的名字。

（2）服饰礼仪

在韩国，衣着不会过于前卫，比较庄重保守。男子一般上身穿袄，下身穿宽大的长裆裤；女子一般是上穿短袄，下穿齐胸的长裙。

（3）餐饮礼仪

韩国人在一般的情况下喜欢吃辣和酸味食品，主食主要是米饭、冷面；菜肴有泡菜、烤牛肉、烧狗肉、人参鸡等。韩国人绝大多数菜品都比较清淡。一般来说，韩国男子的酒量都不错，对烧酒、清酒、啤酒往往来者不拒，妇女多不饮酒。平日，韩国人大多喝茶和咖啡。但是，韩国人通常不喝稀粥，不喜欢喝清汤。

3）禁忌

①政府规定，韩国公民对国旗、国歌、国花必须敬重，不但电台定时播出国歌，而且影剧院放映演出前也放国歌，观众须起立；外国人在上述场所如表现过分怠慢，会被认为是对韩国和其民族的不敬。

②逢年过节相互见面时，不能说不吉利的话，更不能生气、吵架；农历正月头三天不能倒垃圾、扫地，更不能杀鸡宰猪；寒食节忌生火；生肖相克忌婚姻，婚期忌单日。

③忌讳到别人家里剪指甲，否则两家死后结怨；吃饭时忌带帽子，否则终身受穷；睡觉时忌枕书，否则读书无成。

④由于韩国人的餐桌是矮腿小桌，放在地炕上，用餐时，宾主都应席地盘腿而坐；未征得同意前，不能在上级、长辈面前抽烟，不能向其借火或接火；吃饭时不要随便发出声响，更不许交谈；渔民吃鱼不许翻面。

⑤在韩国人面前，切勿提"朝鲜"二字，照相在韩国受到严格限制，军事设施、机场、水库、地铁、国立博物馆以及娱乐场所都是禁止拍照的对象，在空中和高层建筑拍照也都在被禁之列。

⑥韩国人崇尚儒教，尊重长老。长者进屋时大家都要起立，问他们高寿；早晨起床和饭后要向父母问安；父母外出回来，子女都要迎接；吃饭时应先为老人或长辈盛饭上菜，老人动筷后，其他人才能吃；乘车时，要让位给老年人。

⑦韩国人用双手接礼物,但不会当着客人的面打开;不宜送外国香烟给韩国友人;酒是送韩国男人最好的礼品,但不能送酒给妇女,除非你说清楚这酒是送给她丈夫的。

7.1.3　新加坡

1)概况

新加坡位于东南亚,是马来半岛最南端的一个热带城市岛国。面积为699.4平方千米,北隔柔佛海峡,有长堤与马来西亚的新山相通,南隔新加坡海峡与印度尼西亚相望。地处太平洋与印度洋航运要道——马六甲海峡的出入口,由新加坡岛及附近63个小岛组成,其中新加坡岛占全国面积的91.6%。属热带海洋性气候,常年高温多雨,年平均气温24~27 ℃。

2)礼仪

(1)服饰礼仪

新加坡不同民族的人在穿着上有自己的特点。马来男子头戴一顶叫"宋谷"的无边帽,上身穿一种无领、袖子宽大的衣服,下身穿长及足踝的纱笼;女子上衣宽大如袍,下穿纱笼;华人妇女多爱穿旗袍;政府部门对其职员的穿着要求较严格,在工作时间不准穿奇装异服。

(2)仪态礼仪

新加坡人举止文明,处处体现着对他人的尊重。他们坐着时,端正规矩,不将双脚分开,如果交叉双脚,只是把一只腿的膝盖直接叠在另一只腿的膝盖上;他们站立时,体态端正,而不把双手放在臀部,因为那是发怒的表现。

(3)相见礼仪

在社交场合,新加坡人与客人相见时,一般都用握手礼。男女之间可以握手,但对男子来说,比较恰当的方式是等妇女先伸出手来再握手;马来人则是先用双手互相接触,再把手收回放到自己胸部。

(4)餐饮礼仪

新加坡人的主食多是米饭,有时也吃包子,但不喜食馒头;马来人一般用手抓取食物,他们在用餐前有洗手的习惯,进餐时必须使用右手;饮茶是当地人的普遍爱好,客人来时,他们常以茶水招待.华人喜欢饮元宝茶,意为财运亨通。

(5)喜丧礼仪

在新加坡人眼中,男婚女嫁是件大事,不论华人还是马来人都很重视;马来

人的婚事要经过求亲,送订婚礼物,订立婚约等程序。新加坡的华人讲求孝道,如有老人行将去世,其子孙必须回家中守在床前;丧礼一般都很隆重。

(6)旅游礼仪

新加坡公共交通事业较为发达,在旅游期间坐公车十分方便,每个车站都标有明显记号。新加坡是个多民族的国家,商店的分布也有民族特点,如东部地区有个"马来市场",主要出售马来服装食品。新加坡政府极力阻止付小费,即便是对服务员的额外服务付小费,对方也有可能拒收。

(7)馈赠送礼

无论去什么地方,没有必要携带礼物,在新加坡商人之间没有赠送礼物的习惯;有时新加坡主人会邀请外国人到自己家里吃饭,客人如能带一份礼物(一盒巧克力或一束鲜花),女主人将会很高兴;新加坡人认为当着送礼人的面打开礼品的做法是不礼貌的,因此,当你告辞时见到礼物仍原封不动地搁在一边,千万别见怪。

(8)其他礼仪

新加坡政府致力于保持清洁,乱丢垃圾初犯处以罚金一千元,累犯处两千元;新加坡全面禁售、禁食口香糖,因为口香糖是最难清除的垃圾之一。

3)禁忌

①在新加坡,切忌议论政治得失、种族摩擦、宗教是非和配偶情况。公开表露幽默感的人是很少的,而且不是所有的笑料都能为人们所欣赏,因此在不太了解别人之前,最好少开玩笑。

②新加坡严忌说"恭喜发财",他们将"财"理解为"不义之财"或"为富不仁",说"恭喜发财"被认为是对别人的侮辱和嘲骂。

③用食指指人,用紧握的拳头打在另一只张开的掌心上,或紧握拳头,把拇指插入食指和中指之间,均被认为是极端无礼的动作。双手不要随便叉腰,因为那是生气的表示。

④新加坡人认为4,6,7,13,37和69是消极的数字,他们最讨厌7,平时尽量避免这个数字。

⑤在新加坡,人们很不赞成吸烟,要吸烟最好征得对方同意。

⑥新加坡人视黑色为倒霉、厄运之色;紫色也不受欢迎;他们偏爱红色、蓝色和绿色。

7.1.4 马来西亚

1)概况

马来西亚国土面积 33 万平方千米,位于东南亚,地处太平洋和印度洋之间。全境被南海分成东马来西亚和西马来西亚两部分。西马来西亚位于马来半岛南部,北与泰国接壤,西濒马六甲海峡,东临南海;东马来西亚位于加里曼丹岛北部。海岸线长 4 192 千米,属热带雨林气候,内地山区年均气温 22 ~ 28 ℃,沿海平原为 25 ~ 30 ℃。

2)礼仪

(1)服饰礼仪

马来西亚人喜欢穿天然织物做成的衣服。在服饰上,男子习惯穿传统民族服装,其上衣无领,头戴无边帽;在比较正式的社交场合,男子穿白衬衣,便裤。马来西亚的女子的传统服装样式和易装差不多,她们也穿"沙笼",颜色和图案则艳丽得多。马来西亚人爱佩戴短剑,把剑视为力量、智慧和勇敢的象征。在马来西亚,不要穿着鞋子进清真寺或进别人家的客厅;不可穿短裤、短裙进入寺院。在马来西亚,除皇室成员外,一般不穿黄色衣饰。

(2)仪态礼仪

在马来西亚,公开表示亲热是不受欢迎的,要避免接触异性;在和马来人交谈时,不要把双手贴臀部上,因为这种交谈表示发怒;不要用左手触摸人或传递物品。

(3)相见礼仪

马来西亚的朋友间见面、话别或相遇时,都要轻微点头以示礼貌。马来人介绍人们相互认识时,也遵循常规的西方礼仪。同马来西亚人握手、打招呼或馈赠礼品时,千万不可以用左手。握手时,双手仅仅触摸一下,然后把手放到额前,以表示诚心。通常男士不主动与女士握手。

(4)餐饮礼仪

马来人的食物一般以米饭、糕点为主,口味偏淡。到马来人家做客,应准时赴约;主宾应坐在主人的右边,或坐在餐桌的首位;在取食时,不要把公勺碰到自己的盘子;等主人邀请时再开始进食,不要自己动手。马来西亚人不饮烈性酒,在正式场合也不敬酒。

(5)喜丧礼仪

马来的婚俗奇异有趣,一个男人可以娶 4 个妻子。马来人生小孩时有许多

习俗:婴儿出生时,助产婆要举行特别仪式,第三天宴请亲友。对于死者,马来人哀痛在心,但从不号啕大哭,亲友及相识者齐聚在家,为死者祈祷。

（6）旅游礼仪

马来西亚风光美好,有众多的自然景观和人文景观。在马来西亚登记住宿,一定要询问是否有季节差价,当雨季来临时,旅馆收费普遍打折。马来西亚的通信业发达,本地打电话无时间限制;邮箱为红色,在街道上极容易找到。

3）禁忌

①马来西亚人大多信奉伊斯兰教,少数人信奉佛教和印度教。

②马来西亚人忌讳乌龟,认为乌龟是一种不吉祥的动物,给人以色情和污辱的印象。

③马来西亚人禁忌摸头,认为摸头是对人的一种侵犯和侮辱。

④马来西亚人习惯用右手抓饭进食,只有在西式宴会上,马来西亚人才使用刀叉与勺子。

7.1.5 泰国

1）概况

泰国位于南亚中南半岛中部和马来半岛北部,横跨热带、亚热带,海岸线长达 2 400 千米,占地面积 51.3 万平方千米,人口 6 476 万（2005 年底）,有 30 多个民族。泰国半岛向南延伸至安达曼海和泰国湾间,与马来群岛相邻,西北面是缅甸,东北接壤老挝,西南临柬埔寨。泰国沃野千里,物产丰富,素有"亚洲粮仓"之称,是世界著名的旅游目的地,美丽的自然风光伴以温和友善的人民,被誉为充满微笑的国家。泰语为国语,佛教为国教,首都曼谷。泰国是传统的农业国,农产品是外汇收入的主要来源之一,耕地面积占全国土地面积的38%,是世界上的大米生产国和出口国,也是仅次于日本、中国的亚洲第三大海产国,为世界第一产虾大国。泰国自然资源丰富,橡胶产量居世界首位,其中90%用于出口,旅游资源丰富,吸引着众多外国游客。泰国全年分为热、雨、旱三季,年均气温 24~30 ℃。

2）礼仪

（1）见面礼仪

泰国人不习惯握手、拥抱和接吻,对人表示敬意和问候的礼仪就是"拜"（泰国人称"WAI"）:双手合十,举高至头部,手指位于下巴前,并且头部略做鞠躬姿势。"拜"只用于对佛像、僧人、长辈、父母、官员、医生、教师和社会地位比自己高的人,而对朋友、侍者、仆人、司机、陌生人却不"拜"。泰国人从别人面前走过,要躬身而行,表示礼貌;进入佛殿、住宅要先脱鞋子,不可踏门槛;不能用脚来指人、指物或开、关门。

（2）沙弥剃度礼

泰国男孩满 7 岁后,都要剃度当一段时间小沙弥。剃度仪式前,要学习剃度礼仪和沙弥戒律。剃度仪式在寺院进行,男孩在寺院当小沙弥的时间长则几个月,短则三五日即可还俗。在泰国,一个年轻男人做一次僧人是最重要的事情,否则,不算一个成熟的男人。削发为僧可延至 20 岁或结婚之前。当僧人时间自己可决定长短,两周、半年或更长时间皆可。

（3）文身习俗

泰国男子大都有文身习惯。他们认为文身是男性成熟、有魅力的标志,可获得女性的爱慕,还可防虫蛇叮咬,可防病害,甚至刀枪不入,神灵护佑。一些泰国女青年喜欢在手、臂、胸、背等处文些小图案,以显其美丽。因为文身的过程很痛苦,现在文身的人在逐渐减少。

（4）饮食习俗

泰国人以米为主食,东北部地区都吃糯米;肉食以鱼类为主;爱吃辣食,"没有辣椒不算菜";泰国"竹筒饭"远近闻名;吃饭用右手,而左手常用来拿一些不太干净的东西。

（5）护身符

在泰国,信佛的家庭都设有佛坛,家庭主妇早晚必燃烛礼祭。很多泰国人都在颈项用链条挂着一个小佛像做护身符,认为有避邪护身、吉祥如意之效用。泰国各地都有摊贩出卖各种大大小小的佛像,但买佛像不能说"买",要说"请"。

3）禁忌

①在泰国,不要触及他人头部,也不要弄乱他人的头发。人的头部被认为是精灵所在的重要部位,忌讳外人抚摸小孩（尤其是小和尚）的头部,只允许国王、僧侣和自己的父母抚摸,即使是理发师也不能乱动别人的头,在理发之前必须说一声"对不起";蓄须被认为不礼貌。

②泰国人睡觉时,头部不能朝西,因为日落西方象征死亡,只有人死后才能将尸体头部朝西停放;泰国人建筑房屋时,也习惯房屋坐北朝南或坐南朝北,而不朝西。

③泰国人认为人的右手清洁而左手不洁,左手只能用来拿一些不干净的东西,因此,重要东西不要用左手拿;左撇子在日常生活中可以不注意,但在正式场

合绝对不可以;在比较正式的场合,还要双手奉上,用左手则会被认为是鄙视他人。

④在泰国的公众场合,不要做出有损风貌的举动,如拥抱、亲吻或握手,这被认为是不符合当地风俗的。

⑤泰国人不用红笔签名,因为泰国人死后,要在棺材口写上其姓氏,写时用的是红笔;在人经常走过的地方,如门口、房顶等地禁止悬挂衣物,特别是裤衩和袜子之类。

⑥泰国人每年泰历12月月圆时要举行水灯节,这是泰国最热闹的一个节日。在观看水灯时一定要注意,无论那水灯多么精致美丽,都绝对不能拣起来,否则就会受到严厉的惩罚。

7.2 欧洲主要国家民俗禁忌

7.2.1 英国

1)概况

英国国土面积24.41万平方千米(包括内陆水域),英格兰地区13.04万平方千米,苏格兰7.88万平方千米,威尔士2.08万平方千米,北爱尔兰1.41万平方千米,是位于欧洲西部的岛国,由大不列颠岛(包括英格兰、苏格兰、威尔士)、爱尔兰岛东北部和一些小岛组成,隔北海、多佛尔海峡、英吉利海峡与欧洲大陆相望。它的陆界与爱尔兰共和国接壤,海岸线总长 11 450 千米。全境分为 4 部分:英格兰东南部平原、中西部山区、苏格兰山区、北爱尔兰高原和山区。主要河流有塞文河(354 千米)和泰晤士河(346 千米),北爱尔兰的内伊湖(396 平方千米)面积居全国之首。属海洋性温带阔叶林气候,终年温和湿润,通常最高气温不超过 32 ℃,最低气温不低于 -10 ℃,平均气温 1 月 4~7 ℃,7 月 13~17 ℃,多雨雾,秋冬尤甚。

2)礼仪

(1)仪态礼仪

在英国,人们在演说或别的场合伸出右手的食指和中指,手心向外,构成 V 形手势,表示胜利;如有人打喷嚏,旁人就会说上帝保佑你,以示吉祥。

(2)相见礼仪

在英国,当婴儿出生时,父母亲朋会根据婴儿的特征、父亲的职业为婴儿取名,有的母亲家庭显赫,就用娘家的姓为婴儿的第二个名字;孩子们只对父母亲的兄弟姐妹称"叔";老人讲究独立,不喜欢别人称自己老,走路时不必搀扶他们。

(3)做客礼节

如果你被邀请到别人家做客,就要考虑这样几个情况:一是该在什么时候到主人家？如果不是谈正经事,只是社交聚会,早到是不礼貌的,晚到 10 分钟最佳,晚到半小时就显得太迟了,需要向主人致歉。二是什么时候应该离开？这没什么规定,但在主人家坐得太晚是很不礼貌的。如果只是邀请你共进晚餐和聊天,那么你最好在 22:00—23:00 离开或者餐后 1 小时告别;如果你被邀请留下来住几天或度周末,在离开之前应特意买束花送给女主人,这会使她非常高兴;另外,离开后的第二天要发一封便函向主人致谢,并随附一件小礼品,如一盒巧克力或一些鲜花等。

(4)旅游礼仪

到英国旅行需注意:当地的所有车辆均在马路的左侧行驶。英国人遵守纪律,即便是几个人上车,他们也会自觉地排队上车。在英国坐出租车,一般按 10% 左右的标准付小费,将小费列入服务费账单的饭店不必另付小费;在主人家中做客数日,应视情况付给提供服务的佣人一些小费。

3)禁忌

英国人非常不喜欢谈论男人的工资及他家里的家具值多少钱;问一位女士

的年龄,也是很不合适的,因为她认为这是她自己的秘密。

在英国购物,最忌讳的是砍价,如果他们认为一件商品的价钱合适就买下,不合适就走开;英国人不喜欢讨价还价,认为这是很丢面子的事情;如果你购买的是一件贵重的艺术品或数量很大的商品时,你也需要小心地与卖方商定一个全部的价钱。

7.2.2 法国

1)概况

法国国土面积551 602平方千米,位于欧洲西部,与比利时、卢森堡、瑞士、德国、意大利、西班牙、安道尔、摩纳哥接壤,西北隔拉芒什海峡与英国相望,濒临北海、英吉利海峡、大西洋和地中海四大海域,地中海上的科西嘉岛是法国最大的岛屿。地势东南高西北低,平原占总面积的2/3。主要山脉有阿尔卑斯山脉、比利牛斯山脉、汝拉山脉等。法意边境的勃朗峰海拔4 810米,为欧洲最高峰。河流主要有卢瓦尔河(1 010千米)、罗讷河(812千米)、塞纳河(776千米)。地中海上的科西嘉岛是法国最大的岛屿。边境线总长度为5 695千米,其中海岸线为2 700千米,陆地线为2 800千米,内河线为195千米。西部属海洋性温带阔叶林气候,南部属亚热带地中海式气候,中部和东部属大陆性气候。平均降水量从西北往东南由600毫米递增至1 000毫米以上。

2)礼仪

(1)社交礼仪

法国人爱好社交,善于交际。对于法国人来说社交是人生的重要内容,没有社交活动的生活是难以想象的。

法国人诙谐幽默,天性浪漫,在人际交往中大多爽朗热情;受传统文化的影响,法国人不仅爱冒险,而且喜欢浪漫的经历。

法国人渴求自由,在世界上法国人是最著名的"自由主义者"。他们讲究法制,不大喜欢集体行动。与法国人打交道,约会必须事先约定,并且准时赴约,但是也要对他们可能的姗姗来迟事先有所准备。

法国人自尊心强,偏爱"国货"。法国的时装、美食和艺术是世人有口皆碑的。在此影响之下,法国人拥有极强的民族自尊心和民族自豪感,喜爱艺术和娱乐活动。

法国男人拥有骑士风度,尊重妇女。

人际交往中,法国人所采取的礼节主要有握手礼、拥抱礼和吻面礼等。

(2)服饰礼仪

法国人对于衣饰的讲究,在世界上是最为有名的。在正式场合,法国人通常要穿西装、套裙或连衣裙,颜色多为蓝色、灰色或黑色,质地则多为纯毛。

对于穿着打扮,法国人认为重在搭配是否得体。在选择发型、手袋、帽子、鞋子、手表、眼镜时,都十分强调与着装的协调和一致。

(3)餐饮礼仪

作为举世皆知的世界三大烹饪王国之一,法国人十分讲究饮食;在西餐中,法国菜可以说是最讲究的。

法国人爱吃面食,面包的种类很多;他们大都爱吃奶酪;在肉食方面,他们爱吃牛肉、猪肉、鸡肉、鱼子酱、鹅肝;不吃肥肉、宠物、肝脏之外的动物内脏、无鳞鱼和带刺骨的鱼。

法国人特别善饮,他们几乎每餐必饮,而且讲究在餐桌上要以不同品种的酒水搭配不同的菜肴;除酒水之外,法国人平时还爱喝生水和咖啡。

法国人用餐时,两手允许放在餐桌上,但却不许将两肘支在桌子上;在放下刀叉时,他们习惯于将其一半放在碟子上,一半放在餐桌上。

3)禁忌

法国人大多信仰天主教;忌讳"13"和"星期五",认为这些数字隐含着凶险;忌孔雀和仙鹤;忌讳的色彩主要是黄色与墨绿色;忌送菊花、康乃馨等黄色花和杜鹃花,认为黄花象征不忠诚;玫瑰花只能送单数,除了表达爱情外,不能送红色花。

法国人忌讳询问个人私事,包括工资收入、家中存款、妇女年龄、职业、婚姻状况、宗教信仰、政治面貌等;如果初次见面就送礼,法国人会认为你不善交际,

甚至认为粗俗;忌讳男人向女人送香水;忌用核桃待人。

在人际交往之中,法国人对礼物十分看重,但又有其特别的讲究。应选具有艺术品位和纪念意义的物品,不宜选刀、剑、剪、餐具或是带有明显的广告标志的物品;在接受礼品时若不当着送礼者的面打开其包装,则认为是一种无礼的表现。

7.2.3 德国

1)概况

德国位于欧洲中部,东邻波兰、捷克,南接奥地利、瑞士,西接荷兰、比利时、卢森堡、法国,北与丹麦相连并临北海和波罗的海,是欧洲邻国最多的国家。面积为 357 022 平方千米,地势北低南高。可分为 4 个地形区:北德平原,平均海拔不到 100 米;中德山地,由东西走向的高地块构成;西南部莱茵断裂谷地区,两旁是山地,谷壁陡峭;南部的巴伐利亚高原和阿尔卑斯山区,其间拜恩阿尔卑斯山脉的主峰祖格峰海拔 2 963 米,为全国最高峰。主要河流有莱茵河(865 千米)、易北河、威悉河、奥德河、多瑙河。较大的湖泊有博登湖、基姆湖、阿莫尔湖、里次湖。西北部海洋性气候较明显,往东、南部逐渐向大陆性气候过渡。平均气温 7 月 14 ~ 19 ℃,1 月 -5 ~ 1 ℃。年降水量 500 ~ 1 000 毫米。

2)礼仪

(1)服饰礼仪

德国人不喜欢服装的花哨,但都很注重衣冠的整洁。穿西装一定要系领带;在赴宴或到剧院看文艺演出时,男士经常穿深色礼服,女士则穿长裙,并略施粉黛;在东部地区,已婚者都带上金质戒指。

(2)仪态礼仪

德国人对工作一丝不苟,在社交场合也举止庄重,讲究风度;德国妇女的特点是"素",这不光是体现在穿着打扮上,也体现在言谈举止上;与德国人相处时,几乎见不到他们皱眉头等漫不经心的动作,因为他们把这些动作视为对客人的不尊重,是缺乏友情和教养的表现。

(3)相见礼仪

德国人比较注重礼节。在社交场合与客人见面时,一般行握手礼;与熟人朋友和亲人相见时,一般行拥抱礼;在与客人打交道时,总乐于对方称呼他们的头衔;他们并不喜欢听恭维话;对刚相识者不宜直呼其名。

(4)餐饮礼仪

德国人用餐时,注重"以右为上"的传统和"女士优先"的原则。德国人举办大型宴会时,一般是在两周前发出请帖,并注明宴会的目的、时间和地点。他们用餐讲究餐具的质量和齐备。宴请宾客时,桌上摆满酒杯盘子。他们有个习俗,就是吃鱼的刀叉不能用来吃别的。

(5)旅游礼仪

德国人有严格遵守交通规则的习惯,不随便停车,更不会闯红灯;在列车上,大多有"禁烟"和"可抽烟"的标志;每年5—10月是旅游的旺季,首都柏林、政治中心波恩、历史文化和经济名城汉堡、莱比锡等以其优美的风光迎送五洲四海的宾朋。

3)禁忌

德国有50%的人信奉基督教,有45%的人信奉天主教,另有少数人信奉东正教和犹太教;忌讳在公共场合窃窃私语;不喜欢他人过问自己的私事。

在德国,忌讳"13",要是13日碰巧又是个星期五,人们会特别小心谨慎。此外,德国人祝贺生日的习惯不同于中国人:在中国,友人生日临近,你方便时,送他生日礼物并祝他生日快乐,他一定会为你的关心及热情而感激不尽,但如果这事发生在德国,则只能收到适得其反的效果,这是因为按德国的习俗,生日不得提前祝贺。

德国人在所有花卉之中,对矢车菊最为推崇,并且选定其为国花。在德国,不宜随意以玫瑰或蔷薇送人,前者表示求爱,后者则专用于悼亡。

德国对于4个人交叉握手,或在交际场合进行交叉谈话也比较反感,这两种做法,都被他们看作是不礼貌的。

向德国人赠送礼品时,不宜选择刀、剑、剪、餐刀和餐叉;以褐色、白色、黑色的包装纸和彩带包装、捆扎礼品,也是不允许的。

7.2.4 俄罗斯

1)概况

俄罗斯全称俄罗斯联邦,位于欧亚大陆北部,地跨东欧北亚的大部分土地,北临北冰洋的巴伦支海、白海、喀拉海、拉普捷夫海、东西伯利亚海和楚科奇海,东濒太平洋的白令海、鄂霍次克海和日本海,西滨大西洋的波罗的海、黑海和亚速海。与挪威、芬兰、波兰、中国、蒙古国、朝鲜、爱沙尼亚、拉脱维亚、立陶宛、白俄罗斯、乌克兰、格鲁吉亚、阿塞拜疆、哈萨克斯坦等国家相邻,隔海与日本和美国阿拉斯加相望。面积1 707.54万平方千米,是世界上地域最辽阔、面积最广

大的国家,约占世界陆地总面积的 11.4%,海岸线长 3.4 万千米。

2)礼仪

(1)社交礼仪

在人际交往中,俄罗斯人素来以热情、豪放、勇敢、耿直而著称。在交际场合,俄罗斯人习惯和初次会面的人行握手礼,但对于熟悉的人,尤其是在久别重逢时,他们则大多要与对方热情拥抱。

在迎接贵宾之时,俄罗斯人通常会向对方献上"面包和盐",这是给予对方的一种极高的礼遇,来宾必须对其欣然笑纳。

称呼方面,在正式场合,他们采用"先生"、"小姐"、"夫人"之类的称呼;在俄罗斯,人们非常看重人的社会地位,因此对有职务、学衔、军衔的人,最好以其职务、学衔、军衔相称。

(2)服饰礼仪

俄罗斯大多讲究仪表,注重服饰。在俄罗斯民间,已婚妇女必须戴头巾,并以白色的为主;未婚姑娘则不戴头巾,常戴帽子。在城市里,前去拜访俄罗斯人时,进门之后应立即自觉脱下外套、手套和帽子,这是一种礼貌。

(3)餐饮礼仪

在饮食习惯上,俄罗斯人讲究"量大实惠,油大味厚",他们的食物在制作上较为简单一些;他们喜欢酸、辣、咸味,偏爱炸、煎、烤、炒的食物,尤其爱吃冷菜。

俄罗斯人以面食为主食,他们很爱吃用黑麦烤制的黑面包;除黑面包之外,俄罗斯人大名远扬的特色食品还有鱼子酱、酸黄瓜、酸牛奶等。

用餐时,俄罗斯人多用刀叉;他们忌讳用餐发出声响,并且不能用匙直接饮茶,或让其直立于杯中;通常,他们吃饭时只用盘子,而不用碗。

3)禁忌

在俄罗斯,被视为"光明象征"的向日葵最受人们喜爱,它被称为"太阳花",并被定为国花;拜访俄罗斯人时,送给女士的鲜花宜为单数。

俄罗斯人忌讳 13,喜欢 7,认为它是成功、美满的预兆;镜子在俄罗斯人看来是神圣的物品,打碎镜子就意味着灵魂的毁灭;俄罗斯境内的犹太人不吃猪肉;伊斯兰教徒禁食猪肉和使用猪肉制品。

俄罗斯人主张"左主凶,右主吉",因此,他们也不允许以左手接触别人,或以之递送物品。

俄罗斯人忌讳的话题有:政治矛盾、经济难题、宗教矛盾、民族纠纷、前苏联解体、阿富汗战争以及大国地位等。

俄罗斯人不同于中国人,喜欢用单数,双数反被认为不吉利,如送花要送一束、三束、五束等。

7.2.5　意大利

1)概况

意大利全称意大利共和国,是个半岛国家,人口约 5 846 万(2005 年),国土面积为 301 318 平方千米。从北到南长达 1 289 千米,从东到西宽约 540 千米,国境线长 9 054 千米,其中海岸线长 7 200 多千米,占其疆界线的80%。

意大利位于地中海沿岸,东、西、南三面被地中海包围,由北部的阿尔卑斯山把它与欧洲大陆分开。由于地形狭窄,宛如一只长靴子插入地中海,故又被称为"靴国"。意大利承欧、亚、非三大洲交汇处,其领土最南端几乎接近非洲大陆海岸,北部与法国、瑞士、奥地利毗邻,东北部与克罗地亚接壤。高大的阿尔卑斯山脉像一个弧形的屏障,横亘在整个意大利的北部,与上述国家隔开。意大利地理位置十分重要,它不仅是欧洲的南大门、欧亚非 3 个大陆的桥头堡和跳板,还是意大利境内两个主权袖珍国——圣马利诺共和国和梵蒂冈教皇国的栖息地。

2)礼仪

(1)服饰礼仪

在正式社交场合,尤其是参加一些重大的活动,意大利人十分注意着装整齐,喜欢穿三件式西装;在婚礼上,新娘喜欢穿黄色的结婚礼服;在一些节庆活动中,常举行规模盛大的化装游行,从小孩到老年人,都穿各式各样的奇装异服。

(2)仪态礼仪

意大利人说话时喜欢靠得近些,双方的间隔一般在 30~40 厘米,有时几乎靠在一起;他们不喜欢在交谈时别人盯视他们,认为这种目光是不礼貌的;他们喜欢用手势来表达个人的意愿,如用手轻捏下巴表示不感兴趣、快走等。

(3)相见礼仪

意大利人的姓名是名在前,姓在后,除此之外还有一个"教名",即婴儿在洗礼时由神父起的名字,妇女结婚后,大多随丈夫的姓,也有个别人用男女双方的姓;意大利人在社交场合与宾客见面时常施握手礼,亲朋好友久别重逢会热情拥抱;平时熟人在路上遇见,则招手致意。

(4)餐饮礼仪

意大利人在制作菜肴时讲究色、香、味俱全,其风味菜肴可与法国大菜媲美,

他们十分欣赏中国菜;不论男女都嗜酒,常饮的品种有啤酒、白兰地等,特别爱喝葡萄酒;意大利人请客吃饭,通常是到饭馆里去,他们请客时往往茶少酒多;在正式宴会上,每上一道菜便有一种不同的酒。

（5）旅游礼仪

到意大利旅游的最佳季节是每年的 2—5 月、9—11 月。在意大利旅游时,到零售店购买东西时要注意,他们的商业准则是买卖双方处于平等地位;意大利人喜欢儿童,如果你到饭店里用餐,见到一些孩子跑来跑去调皮,千万不要生气,否则当地人会对你的行为非常反感。

3）禁忌

意大利忌讳“13”和“星期五”,认为“13”这一数字象征着“厄兆”,“星期五”也是不吉利的象征。

意大利人忌讳菊花,因为菊花是丧葬场合使用的花,是放在墓前为悼念故人用的花,因此,人们把它视为“丧花”,如送鲜花,切记不能送菊花,如送礼品,切记不能送带有菊花图案的礼品;如送其他鲜花时要注意送单数;红玫瑰表示对女性的一片温情,一般不宜送。

意大利人忌讳用手帕作为礼品送人,认为手帕是擦泪水用的,是一种令人悲伤的东西,所以,用手帕送礼是失礼的,同时也是不礼貌的。

意大利人在与不认识的人打交道时,忌讳用食指侧面碰击额头,因为这是骂人“笨蛋”、“傻瓜”的意思;一般也忌讳用食指指着对方,讲对方听不懂的语言,这样做的后果将不可收拾。

7.3　美洲主要国家民俗禁忌

7.3.1　美国

1）概况

美国位于北美洲中部,领土还包括北美洲西北部的阿拉斯加和太平洋中部的夏威夷群岛,北与加拿大接壤,南靠墨西哥和墨西哥湾,西临太平洋,东濒大西洋,面积 9 629 091 平方千米,本土东西长 4 500 千米,南北宽 2 700 千米,海岸线长 22 680 千米。大部分地区属于大陆性气候,南部属亚热带气候,中北部平原温差很大,芝加哥1月平均气温 -3 ℃,7月平均气温24 ℃,墨西哥湾沿岸1月平均气温11 ℃,7月平均气温28 ℃。

2)礼仪

（1）社交礼仪

美国人在待人接物方面,随和友善,容易接触,热情开朗,喜欢幽默。

（2）服饰礼仪

美国人平时的穿着打扮不太讲究,崇尚自然,偏爱宽松,着装体现个性,是美国人穿着打扮的基本特征。他们喜欢 T 恤装、运动装及其他风格的休闲装。虽然说美国人穿着比较随便,但并不等于说他们穿衣不讲究,所以在与美国人见面时一定要注意以下几点:

第一,美国人注重服装的整洁。

第二,拜访美国人时,进了门一定要脱下帽子和外套,美国人认为这是一种礼貌。

第三,美国人十分重视着装细节。

第四,在美国,女性若穿黑皮裙,会让人认为非"良家妇女"。

第五,在美国,一位女士不可以在男士面前脱下自己的鞋子,或者是撩动自己的裙子的下摆,会令人产生引诱对方之嫌。

第六,穿睡衣、拖鞋会客,或是以这身打扮外出,都会被美国人视为无礼。

第七,美国人认为,出入公共场合时要化妆,但是在大庭广众之下化妆、补妆,不但会被人视为缺乏教养,而且还有可能令人感到"身份可疑"。

第八,在室内仍戴着墨镜不摘的人,往往会被美国人视作"见不得阳光的人"。

（3）餐饮礼仪

美国人以食用肉类为主,牛肉是他们的最爱,鸡肉、鱼肉、火鸡肉亦受其欢迎,除宗教教徒外,美国人一般不禁食猪肉;用餐时,美国人使用刀叉,一般左手执叉,右手执刀,将食物切割后,放下餐刀,将餐叉换至右手,右手执叉而食。

（4）旅游礼仪

美国人喜欢旅游,喜欢新奇,喜欢乔迁。他们到国外旅行时,也喜欢经常更换就餐和居住场所。他们还喜欢观察别人的房子和摆设。美国是一个生活在汽车轮子上的国家,美国公路等级分明,各级公路的标志采用不同颜色的荧光字牌。美国人大多自觉遵守公共秩序;坐车时,即便车子再拥挤,上车后也不抢座位,而是自觉让给老弱病残者。电话十分普及,几乎家家都有电话,城市公用电话也很多,使用时,要准备足够的硬币。

3)禁忌

美国人偏爱山楂花与玫瑰花;在动物中,大多喜欢狗;"驴"代表坚强,"象"代表稳重,他们分别是共和党和民主党的标志;"白头雕"是美国人最珍爱的飞禽,还是美国国徽的主要图案;蝙蝠被视为吸血鬼与凶神,令美国人反感。

美国人喜欢白色;忌讳数字"13"和"3",不喜欢的日期是星期五。在美国,不要随意打骂孩子,这会让你吃官司的。

在公共场合,不要蹲在地上,也不要双腿叉开坐。相处时,必须保持距离,因为美国人认为,个人空间是不容冒犯的,保持50~150厘米。

对许多美国人来说,年龄是个非常敏感的问题,特别是对年过30的女人来说更是如此。在这个崇尚年轻的文化中,想到变老是很痛苦的事情。因此,许多美国人竭力想维持外貌的年轻,他们最不愿别人问及的问题就是"你多大了"。美国人对年龄的看法与我国大不相同。在我国,老年人受到尊敬,但在美国,老年人绝不喜欢别人恭维他们的高龄。

美国人很关注体重,且极少透露他们的体重,即使他们很瘦,身材很好;绝对不要问别人挣多少钱,但你可以问他们的工作头衔和以什么为生计,这个信息可以让你对他们一年挣多少钱有所了解。

7.3.2 加拿大

1)概况

加拿大位于北美洲北半部,东濒大西洋,西接太平洋,西北邻美国阿拉斯加,国土面积998.467万平方千米,人口3 309.12万。加拿大地大物博,人口稀少,平均每平方千米不足2.4人。近几年来,加拿大按人口平均计算的国民收入居世界前列。加拿大是一个移民国家,也是一个多民族的国家。加拿大地势平坦,土地肥沃,素有粮仓之称。

2)礼仪

(1)服饰礼仪

在加拿大,不同的场合有不同的装束。在教堂,男性穿深色西装,女士则穿庄重的衣裙;在参加婚礼时,男子或穿西装,或穿便装;加拿大青年人喜爱那种体现现代生活的节奏感,着装显得潇洒。

(2)仪态礼仪

加拿大人在社交场合一般姿态庄重,举止优雅。在交谈时,加拿大人会和颜悦色地看着对方;加拿大人常用两手手指交叉置于桌上等姿态来缓和紧张气氛或掩饰,有人遇到不幸或心情不好的时候,他们也会采用这种姿势,说明他们对这人的处境表示理解和同情。

(3)相见礼仪

加拿大人在社交场合与客人相见时,一般都行握手礼,而亲吻礼和拥抱礼仅适用于熟人、亲友和情人之间;拜访他人无论正式与否,都须预约,意外的来访是不礼貌的;与加拿大人交谈时,切忌以手指点;交谈距离应远近适宜;交谈内容不要涉及私生活、收入、支出、女士年龄等隐私问题。

(4)餐饮礼仪

加拿大人在食俗上与英美人相似。由于气候寒冷的缘故,他们养成了爱吃烤制食品的习惯,这是他们的独特之处;加拿大人用刀叉进食;极爱食用烤牛排,尤其是八成熟的嫩牛排;习惯在用餐后喝咖啡或吃水果;加拿大人习惯吃冷食,以晚餐为重。

(5)喜丧礼仪

加拿大基督教徒的婚礼一般都在教堂里举行;在结婚仪式上,牧师要为他们做祷告,新郎新娘互换戒指。加拿大人去世后,一般都要请牧师做弥撒,使死者的灵魂升入天堂;在葬礼上,亲友要在牧师的祷告声中撒下鲜花。

(6)旅游礼仪

加拿大风景秀丽,有多姿多彩的自然景观和人文景观,是交通发达的现代化国家;加拿大旅馆的设施完备,到加拿大观光旅游,要事先预订好房间;加拿大人喜爱音乐和艺术;不喜欢别人迟到,也不喜欢旁人讲解剧情。

3)禁忌

加拿大吸烟人数较少,大多数公共场合尤其是公车上都禁止吸烟,餐馆则大多分为吸烟区和无烟区,在私人地方吸烟,要先得到主人的许可;加拿大人讲究卫生,不要随地吐痰或乱扔垃圾,同时也应注意保持自己的仪表干净。

同加拿大人吃饭不要过度礼让和劝酒;加拿大人大多不喜欢肥肉,讨厌虾酱、腐乳等腥味的食物;动物内脏和脚爪是加拿大的食物禁忌。

同欧洲人和美国人一样,加拿大人在生活习俗上受宗教的影响也较大;他们通常很忌讳"13"这个数字;在他们举行的宴会上,一般都是双数的席次。

在加拿大,送花不可送白色的百合花,白色的百合花只有在葬礼上才用。

7.3.3 巴西

1）概况

巴西位于南美洲东南部,国土面积851.49万平方千米,是拉丁美洲面积最大的国家,北邻法属圭亚那、苏里南、圭亚那、委内瑞拉和哥伦比亚,西邻秘鲁、玻利维亚,南接巴拉圭、阿根廷和乌拉圭,东濒大西洋。海岸线长7 400多千米,领海宽度22.224千米,领海外专属经济区348.176千米。国土80%位于热带地区,最南端属亚热带气候,北部亚马孙平原属赤道气候,年平均气温27~29℃,中部高原属热带草原气候,分旱、雨季,南部地区平均气温16~19℃。

2）礼仪

（1）社交礼仪

巴西人在人际交往中大多活泼好动,幽默风趣,爱开玩笑;巴西人在社交场合通常都以拥抱或者亲吻作为见面礼节,只有十分正式的活动中,他们才相互握手为礼;除此之外,巴西人还有一些独特的见面礼:握拳礼、贴面礼、沐浴礼。

（2）服饰礼仪

在正式场合,巴西人的穿着十分考究。他们不仅讲究穿戴整齐,而且主张在不同的场合里,人们的着装应当有所区别:在重要的政务、商务活动中,巴西人主张一定要穿西装或套裙;在一般的公共场合,男人至少要穿短衬衫、长西裤,女士最好穿高领、带袖的长裙。

（3）餐饮礼仪

巴西人平常主要吃欧式西餐;因为畜牧业发达,巴西人所吃食物之中肉类所占的比重较大;在巴西人的主食中,巴西特产黑豆占有一席之地;巴西人喜欢饮咖啡、红茶和葡萄酒。

3）禁忌

与巴西人打交道时,不宜向其赠送手帕或刀子;英美人所采用的表示"OK"的手势,在巴西看来是非常下流的。

7.4　非洲及大洋洲主要国家民俗禁忌

7.4.1　埃及

1)概况

埃及国土面积100.145万平方千米,跨亚、非两洲,大部分位于非洲东北部,小部分领土(西奈半岛)位于亚洲西南角,西与利比亚为邻,南与苏丹交界,东临红海并与巴勒斯坦接壤,北临地中海,海岸线长约2 900千米,全境96%为沙漠。尼罗河贯穿南北,境内长1 350千米,99%的人口聚居在仅为国土面积4%的河谷和三角洲地带。苏伊士运河是连接亚、非、欧三洲的交通要道。主要湖泊有大苦湖和提姆萨赫湖,以及非洲最大的人工湖——纳赛尔水库。全境干燥少雨,尼罗河三角洲和北部沿海地区属亚热带地中海气候,1月平均气温12 ℃,7月平均气温26 ℃,年平均降水量50~200毫米;其余大部分地区属热带沙漠气候,炎热干燥,沙漠地区气温可达40 ℃,年平均降水量不足30毫米,每年4—5月间常有"五旬风",夹带沙石,使农作物受害。

2)礼仪

(1)观光礼节

教堂、清真寺内不得袒胸露背,否则不允许进入;在游览宗教场所时要穿着得体,参观清真寺内时,务必穿拖鞋进入;女性在旅游场所不宜穿得太暴露。

(2)相见礼节

埃及人习惯行握手礼或拥抱礼,但千万不要用左手和他人握手、交换或传递物品;"飞吻"是情人间的一种亲吻礼;"亲脸"多是妇女们相见时的一种礼节,即:先亲右颊,后亲左颊,若是亲戚或关系密切者,再亲一下右颊;男人间也亲吻,不过他们是先亲左颊,再亲右颊,若亲戚或关系密切者,再亲一下左颊。

(3)用餐礼节

埃及人注意用餐姿势,不把手臂放在桌上;不图方便而以口就餐盘;喝汤、喝饮料时尽量不发出声音;不在席间大声喧哗。

(4)交谈礼节

与埃及人交谈时必须回避一个话题:中东的政治问题;恰当的话题是埃及的

进步与成就、埃及领导人的杰出声誉、埃及的优质棉花和古老的文明。

3）禁忌

埃及人大多信奉伊斯兰教；他们绝对禁食自己死亡的动物及其血液，禁食猪肉，也禁止使用猪制品。

埃及还有少数信奉基督教和犹太教的教徒，他们忌讳数字"13"，认为"13"是不吉祥的数字。

埃及人在吃饭时，一般不与人随意交谈，他们认为边谈边吃会浪费粮食，是对"安拉"（即："神"的意思）的不敬。

埃及人忌讳黑色与蓝色，他们把这两种颜色看成是"不祥"的色彩，因此，他们常把蓝天说成是绿色的；埃及人还忌讳黄色，认为黄色是叛逆、嫉妒、怀疑、不信任、色情、忧郁、缺乏理智的代表色。

埃及人忌讳左手传递东西或食物，认为左手是肮脏、下贱之手，是承包厕所任务的手，因此，使用左手为他人服务是蔑视人的做法，并有污辱人的意思。

埃及人特别忌讳谈"针"这个字和借用针，尤其是每日下午 3：00—5：00 这段时间内，无论说"针"字或借用针，都会遭到冷遇。

埃及人忌讳称赞女人窈窕，否则会招来对方的斥责和臭骂，因为他们认为体态丰腴才算美。

按伊斯兰教义，妇女的"迷人之处"是不能让丈夫以外的人窥见的，即使是同性之间，也不应相互观看对方的私处，因此，短、薄、透、露的服装是禁止的，哪怕是婴儿的身体也不应无掩无盖，街上也不见公共澡堂。

7.4.2　南非

1）概况

南非共和国位于非洲大陆最南端，东、南、西三面濒临印度洋和大西洋，北与纳米比亚、博茨瓦纳、津巴布韦、莫桑比克和斯威士兰接壤。地处两大洋间的航运要冲，其西南端的好望角航线历来是世界上最繁忙的海上通道之一，有"西方海上生命线"之称。国土面积约 121.909 万平方千米，全境大部分为海拔 600 米以上的高原。德拉肯斯山脉绵亘东南，卡斯金峰高达 3 660 米，为全国最高点。西北部为沙漠，是卡拉哈里盆地的一部分，北部、中部和西南部为高原，沿海是狭窄平原。奥兰治河和林波波河为两大主要河流。大部分地区属热带草原气候，东部沿海为热带季风气候，南部沿海为地中海式气候。全境气候分为春夏秋冬四季,12月至次年2月为夏季,最高气温可达32~38℃;6—8月是冬季,最低气温为-12~-10℃。全年降水量由东部的1 000毫米逐渐减少到西部的60毫米,平均降水量450毫米。首都比勒陀利亚年平均气温17℃。

2)礼仪

(1)社交礼仪

南非社交礼仪可以概括为"黑白分明"、"英式为主"。所谓"黑白分明"是指受到种族、宗教、习俗的制约,南非的黑人和白人所遵从的社交礼仪不同;"英式为主"是指在很长的一段历史时期内,白人掌握南非政权,白人的社交礼仪特别是英国式社交礼仪广泛地流行于南非社会。

(2)服饰礼仪

在城市中,南非人的穿着打扮基本西化了。正式场合,他们都讲究着装端庄、严谨,因此进行官方交往或商务交往时,最好穿样式保守、色彩偏深的套装或裙装,不然就会被对方视作失礼;南非黑人通常还有穿着本民族服装的习惯。不同部族的黑人,在着装上往往会有自己不同的特色。

(3)餐饮礼仪

南非当地白人平日以吃西餐为主,经常吃牛肉、鸡肉、鸡蛋和面包,爱喝咖啡与红茶;黑人喜欢吃牛肉、羊肉,主食是玉米、薯类、豆类,不喜生食,爱吃熟食。

南非著名的饮料是如宝茶。在南非黑人家做客,主人一般送上刚挤出的牛奶或羊奶,有时是自制的啤酒;客人一定要多喝,最好一饮而尽。

3)禁忌

信仰基督教的南非人,忌讳数字"13"和"星期五"。南非黑人非常敬仰自己的祖先,他们特别忌讳外人对自己的祖先言行失礼。

跟南非人交谈,有4个话题不宜涉及:第一,不要为白人评功摆好;第二,不要评论不同黑人部族或派别之间的关系及矛盾;第三,不要非议黑人的古老习惯;第四,不要为对方生了男孩表示祝贺。

对于人、房屋、家畜一律不准拍摄,如想拍摄,之前最好向对方先打个招呼,征得同意之后再行动,以免挨一顿揍。

7.4.3　澳大利亚

1)概况

澳大利亚位于南太平洋和印度洋之间,由澳大利亚大陆和塔斯马尼亚岛等

岛屿和海外领土组成。它东濒太平洋的珊瑚海和塔斯曼海,西、北、南三面临印度洋及其边缘海,海岸线长约 3.67 万千米,面积 769.2 万平方千米,占大洋洲的绝大部分。虽四面环水,沙漠和半沙漠却占全国面积的 35%。全国分为东部山地、中部平原和西部高原 3 个地区。全国最高峰科西阿斯科山海拔 2 228 米,最长河流墨累河东部沿海有全世界最大的珊瑚礁——大堡礁。北部属热带,大部分属温带,年平均气温北部 27 ℃,南部 14 ℃。内陆地区干旱少雨,年降水量不足 200 毫米,东部山区 500 ~ 1 200 毫米。

2)礼仪

(1)服饰礼仪

男子多穿西服,打领带,在正式场合打黑色领结;妇女一年中大部分时间都穿裙子,在社交场合则套上西装上衣;无论男女都喜欢穿牛仔裤,他们认为穿牛仔裤方便、自如。

(2)仪态礼仪

与澳大利亚男人们相处,感情不能过于外露,大多数男人不喜欢紧紧拥抱或握住双肩之类的动作;在社交场合,忌讳打哈欠、伸懒腰等小动作。

(3)相见礼仪

澳大利亚人见面习惯握手,不过有些女子之间不握手,女友相逢时常亲吻对方的脸。

(4)餐饮礼仪

澳大利亚人在饮食上以英式西菜为主,其口味清淡,不喜油腻;澳大利亚的食品素以丰盛和量大而著称,尤其对动物蛋白质的需要量更大;他们爱喝牛奶,喜食牛肉、猪肉等;他们喜喝啤酒,对咖啡很感兴趣。

(5)喜丧礼仪

在澳大利亚,男女婚前一般要先订婚,由女方家长宴请男方的家长及兄弟姐妹,婚礼后通常要举行宴会;澳大利亚人的葬礼,先在教堂内举行,由牧师主持追思礼;他们还保存着寡妇沉默的古俗;有趣的是由于地理位置的原因,圣诞节和元旦节不在寒冷的冬季,而是在火热的夏季。

(6)旅游礼仪

澳大利亚不流行小费,但服务人员如果为你提供了额外的服务,可给适当的小费,数目不宜多;到商店里买东西不要讨价还价;坐车不系安全带是违法的,小孩也要系安全带;大部分旅馆的电话拨 0 是外线,拨 9 是旅馆总机。

3)禁忌

澳大利亚人对兔子特别忌讳,认为兔子是一种不吉利的动物,人们看到它都会感到倒霉；与他们交谈时，多谈旅行、体育运动及到澳大利亚的见闻。

澳大利亚人除与西方国家有一些共同的忌讳（如忌"13"、"星期五"）之外，他们对自己独特的民族风格而自豪，因此谈话中忌与英、美国家比较异同；忌谈工会、宗教、个人问题、袋鼠数量的控制等敏感话题；澳大利亚的土著民族都崇拜原始图腾，每个氏族都以某种动植物作为自己的图腾，如青蛙、蝙蝠、甲虫等。

澳大利亚人很讲究礼貌，在公共场合从来不大声喧哗；在银行、邮局、公共汽车站等公共场所，都是耐心等待，秩序井然；握手是一种相互打招呼的方式，拥抱亲吻的情况罕见；澳大利亚同英国一样有"妇女优先"的习惯；他们非常注重公共场所的仪表，男子大多数不留胡须，出席正式场合时西装革履，女性是西服套裙。

澳大利亚人的时间观念很强，约会必须事先联系并准时赴约，最合适的礼物是给女主人带上一束鲜花，也可以给男主人送一瓶葡萄酒；澳大利亚人待人接物都很随和。

7.4.4　新西兰

1）概况

新西兰位于太平洋南部，介于南极洲和赤道之间，西隔塔斯曼海与澳大利亚相望，北邻汤加、斐济。新西兰由北岛、南岛及一些小岛组成，面积 27.053 4 万平方千米，专属经济区 400 万平方千米，海岸线长 6 900 千米。新西兰素以"绿色"著称，广袤的森林和牧场使新西兰成为名副其实的绿色王国，生态环境非常好。虽然境内多山，山地和丘陵占其总面积的 75% 以上，但这里属温带海洋性气候，四季温差不大，植物生长十分茂盛，森林覆盖率达 29%，天然牧场或农场占国土面积的一半。新西兰水力资源丰富，全国 80% 的电力为水力发电。北岛多火山和温泉，南岛多冰河与湖泊。北岛第一峰鲁阿佩胡火山高 2 797 米，火山上有新西兰最大的湖泊陶波湖，面积 616 平方千米。南岛横跨南纬 40°～47°，岛上有全国第一峰库克山。特阿脑湖面积 342 平方千米，是新西兰第二大湖。苏瑟兰瀑布，落差 580 米，居世界前列。

2）礼仪

（1）仪态礼仪

新西兰人说话很轻；街上遇见朋友，老远就挥手；他们不喜欢用手势"V"表示胜利；当众嚼口香糖或用牙签被视为不文明的举止；当众闲聊也是很失礼的

行为。

（2）喜丧礼仪

居住在新西兰的英国后裔，许多喜丧礼仪和英国人相似，但当地的毛利人的习俗非常特别。毛利人从出生到青春期以前，赤身裸体地在妈妈身边游戏玩耍；毛利人要试婚，同居后彼此感到满意，经过双方父母同意，只要女方到男方家里过一夜就算是结婚了。

（3）相见礼仪

新西兰人在社交场合与客人相见时，一般行握手礼，在和妇女见面时，应该等女士先伸出手时才能握手问好；正式场合的称呼是先生、夫人、女士，一般情况下，称呼比较随便，但相处还不熟时，最好还是先称呼他的姓。

（4）旅游礼仪

到新西兰全国各地旅游，坐火车最理想，火车不分等级，只有卧铺和餐车；在新西兰，不必给小费，饭店和餐馆也不需另付服务费。

3）禁忌

新西兰人把"13"视为不吉利的数字，无论做什么事情，都要设法回避这个数字。

新西兰人在男女交往方面较为拘谨保守，并且有种种清规戒律；他们忌讳男女同场活动，即使看戏或电影，通常也分为男子场和女子场。

新西兰人不愿谈论有关宗教、国内政治和私人事务的话题；新西兰人奉行所谓"不干涉主义"，即反对干涉他人的个人自由；对于交往对象的政治立场、宗教信仰、职务级别等，他们一律主张不闻不问；对其国内种族问题，以及将新西兰视为澳大利亚的一部分，他们则更为反感。

新西兰人时间观念较强，约会须事先商定，准时赴约，客人可以提前几分钟到达，以示对主人的尊敬；交谈以气候、体育运动、国内外政治、旅游等为话题，避免谈及个人私事、宗教、种族等问题；应邀到新西兰人家里做客，可送给男主人一盒巧克力或一瓶威士忌，送给女主人一束鲜花，礼物不可过多，不可昂贵。

7.5　四大宗教礼仪及禁忌

宗教是在人类发展进程中产生的一种社会现象，是一种意识形态。据统计，全世界信仰各种宗教的教徒约占世界人口的2/3，其中，影响最大的是世界三大宗教（佛教、基督教和伊斯兰教）和中国的道教。不同的宗教在起源、发展、节日、信仰、禁忌等方面是不同的。

7.5.1　佛教

1)简介

佛教发源于公元前6世纪至公元前5世纪古印度
迦毗罗卫国(今尼泊尔境内),创始人是乔答摩·悉达
多,佛教教徒尊称他为"释迦牟尼",意思是"释迦族的
圣人"。

佛教不仅创立时间最早,传入中国的时间也最早。
公元前2年佛教传入我国,不断与我国儒家思想相结合,与封建宗法相交融,从
而得以广泛地传播和发展,形成了净土宗、禅宗、密宗、华严宗等许多佛教宗派。

中国佛教包容了北传佛教、南传佛教和藏传佛教三大体系。北传佛教为大
成佛教,由古印度传入中国,再从中国传入日本、韩国、朝鲜、越南等东南亚国家
和地区;南传佛教为小乘佛教,主要流行于泰国、缅甸、马来西亚、柬埔寨、老挝、
斯里兰卡等国家和中国部分少数民族地区;藏传佛教(也叫喇嘛教)流行于藏
区、蒙古族等西北地区。

佛教经典是《大藏经》,又称《三藏经》,是
一部佛教经典总结;佛教的标志是法轮;佛教教
义"四谛"(即:苦、集、灭、道)是佛教各派共同
承认的基本教义,所谓"谛"即"真理"的意思。

2)礼仪

(1)合掌礼

合掌礼(又称合十礼)是佛教教徒最普遍的
礼节,左右合掌,十指并拢置于胸前,表示对佛
由衷的感谢。合掌礼分为跪合掌礼、蹲合掌礼
和站合掌礼。

(2)殿堂仪规

第一,沿左右两侧而入,不可行走正中央,以示恭敬;若靠门左侧行,则先以
左脚入,右侧行则以右脚先入;不可以佛殿为通道,任意穿梭游走;佛殿内只能右
绕,不可左旋,以示正道。

第二,除佛经、佛像及供物之外,其余不可带入,唯有诵经、礼佛、打扫、添香

油时方可进入。

第三,殿内不可谈世俗言语,更不可大声喧哗,除听经闻法,全体禅坐外,不可坐于殿内,即使讨论佛法,亦不可高声言笑。

第四,在大殿内勿打哈欠、吐唾液、放屁等,逼不得已时,应退出殿外;打哈欠时应以袖掩口,吐唾液时用卫生纸包好放于口袋内,勿进出频繁影响大众。

(3)上香

上香时,用大拇指、食指将香夹住,余三指合拢,双手将香平举至眉齐;如果人很多时,将香直竖向上,以免烧到他人,然后走到距佛像三步远处,举香拜佛。

上香以一支为宜,若要上三支香,则将第一支香插中间(口念供养佛),第二支香插右边(口念供养法),第三支插左边(口念供养僧),合掌(口念供养一切众生,愿此香华云,遍满十方界,供养一切佛,尊法诸贤圣)。

(4)四威仪

佛教徒应该时刻保持良好的威信,即行如风、立如松、坐如钟、卧如弓。

(5)顶礼

向佛、菩萨或上座行此礼,双膝跪下,头顶叩地,舒两掌过额承空,以示头触佛足,恭敬至诚,就是俗话说的"五体投地"。

(6)称谓

对于和尚可称为"和尚"、"大和尚"、"方丈",教外人可称"大法师"、"法师",居士可统称"某某师父";凡是剃度出家的男性,年满20岁,称作"比丘"。

对于女出家人,称其为"尼姑"并不合乎佛制,正确的称呼是:年满18岁,在受了十戒的基础上再加六法,为随学比丘尼,居士称"某某师父",教外人称"某某法师"。

(7)大戒

大戒又叫"比丘戒",指不杀、不盗、不淫、不妄、不饮酒、不着彩色衣服和不用化妆品、不视听歌舞、不睡高床、过午不食、不蓄财宝,共10种根本戒。

(8)过堂

僧尼吃饭都要过堂,早晨、中午到"五观堂"或"斋堂"用食。五观意为:一是思念食物来之不易,二是思念自己德行有无亏缺,三是防止产生贪食美味的念头,四是对饭食只作为疗饥的药,五是为修道业而受此食。

过堂时,住持和尚坐在堂中的法座上,僧众在两边就座。饮食之前,先要敲挂在寺庙走廊上的大木鱼(梆)和葫芦型铁板(云板)。

3）节日

（1）盂兰盆节

农历七月十五日的"盂兰盆节"是我国佛教中两个最大的节日之一，又称为僧自恣日、佛欢喜日，是佛教徒举行供佛敬僧仪式及超度先亡的节日。

根据戒律的要求，僧尼在每年农历的四月十五日至七月十五日必须结夏安居，即在此动植物生长繁衍期间，定居一处，一者可免伤虫蚁，二者可专心诵经或禅修；至七月十五日则须各作自我批评或介绍修行经验，称为"僧自恣"；经过3个月的专修，僧众的功行大有提高。

（2）佛诞节

佛诞节也叫"浴佛节"。阴历四月初八是佛教创始人释迦牟尼佛出生的日子，传说释迦牟尼诞生时有九龙吐水沐浴其身，因此，民间在这一天以各种香料浸水洗浴佛像，以各种香、花供奉佛像，这一天也必定斋戒布施，以纪念这个不寻常的日子。

（3）成道节

阴历十二月初八，释迦牟尼在菩提树下禅思悟道，从此人间有了佛教，诞生了佛教教主释迦牟尼佛。佛教徒以百种果子煮粥供佛以示庆典，渐形成民俗，民间称作"腊八粥节"，所以，成道节又叫"腊八粥节"，简称"腊八节"。

（4）"涅槃"节

涅槃节是纪念释迦牟尼佛逝世的节日，定于阴历二月十五日，"涅槃"是佛教的最高境界。"涅槃"节这一天，寺庙举行"涅槃"法会，人们聚集法会，面对释迦牟尼佛圣像，听诵经并作各种供奉。

4）禁忌

（1）饮食方面

佛教对出家人饮食方面的禁忌很多，其中素食是最基本、最重要的一条。素食的概念包括不吃"荤"和"腥"，"荤"是指有恶臭和异味的蔬菜，如大蒜、大葱、韭菜等；所谓"腥"是指肉食，即是各种动物的肉，甚至蛋。此外，佛教还要求僧人不饮酒、不吸烟、不吃零食。

（2）生活方面

不结婚，不蓄私财。佛教认为出家僧众担负着住持佛法、续佛慧命的重大责任和终身事业，因此必须独身出家才能成就，积蓄私财是违背出家本意的。

（3）五戒

不可杀生、不可偷盗、不可邪淫、不可饮酒、不可妄语，被称为"五戒"。

7.5.2　道教

1）简介

道教是中国固有的一种宗教,距今已有1 800余年的历史。道教的正式创

立,一般认为是在东汉后期,创教人为张道陵天师。

道教是以太上道祖之"道"为最高信仰,以长生成仙为终极追求的中国本土固有的宗教。道教以《道德经》为立教立本;以尊道贵德、重生贵和、抱朴守真、清静无为、慈俭不争、善恶报应、修炼成仙、功德成神为主要教义。

道教在历史上形成了众多的道派,各个道派经过历史上的融合,最后归并到正一道(创始人为张道陵)和全真道(创始人为王重阳)两个大道派中,今天的道士即分属这两大道派。目前中国内地的全真派和正一派道士约有50 000余人,正式开放的道教宫观有5 000多处。

2）礼仪

道教承继了道家,吸收了儒家以及中国传统礼仪的一些礼节。

（1）吃住礼仪

道士吃饭要进斋堂吃饭,名"过堂"。常住在斋堂吃饭的有3种规矩:一是便堂,不讲礼仪,随便用斋,但必须食素,不能说狂妄之语;二是过堂,过堂吃饭叫"过斋堂",要衣冠整齐,在斋堂门外排班,进斋堂用斋;三是过大堂,腊月二十五"接驾"后到正月初五午斋毕均要"过大堂"。

（2）宫观礼仪

教宫观的道士必须住庙,宫观内要保持良好的道仪风范;道士与道士之间一般称道友、道长等;道人宿舍中须清洁素雅,不得华饰,但要整齐;道人不得裸身而卧,不得在卧室内神侃;道众宿舍不得把俗人随便带入,更不能留宿。

早上开静后需立即起身洗漱,到各殿朝拜祖师,上早课,诵经聆听,持心修炼。

（3）穿戴礼仪

服饰是道教宗教形态上的一个突出标志,人们可以从服饰上清楚地辨认出道教徒。道士在庙里都必须头上戴巾,身穿道服、白袜、覆鞋。

法衣,指做道场"高功"穿的法服和行宗教大典时"方丈"穿的法服。花衣,是经师上殿念经、做道场穿的法服,也有素净不绣花的,通称"班衣"。法衣则多

红、黄色,也有蓝色、绿色,方丈穿的法衣多为紫色;
班衣以红、黄居多。道教把道教徒戴的帽子称为
"巾",巾有9种,分别为:混元巾、庄子巾、纯阳巾、
九梁巾、浩然巾、逍遥巾、三教巾、一字巾、太阳巾。

　　道士的合格服饰,要衣冠整齐。所谓的"冠",
不仅是指帽子,而且指特制的礼饰。最通用的有黄
冠、五岳冠、五老冠等,这些是做法事时用的,专场
专用,不能随便戴上。

　　道人的鞋、袜也有规矩,鞋是青布双脸鞋,一般
穿青布圆口鞋或青白相间的"十方鞋",多耳麻鞋也
可,袜则统用白布高筒袜。道人裤管必须装入袜筒内,不得敞开裤管。不穿高筒
白袜,亦须把裤管齐膝下绑扎。

　　(4)出入礼仪

　　不得无故进入其他宫观及僧院,也不得无故去俗人家;有事去俗人家,办完
事即返回,不得久留;远近出入不应失礼。

　　(5)言语礼仪

　　进入法堂以及上宴席,不应高声言语,也不应大声咳嗽;不得多言,也不得与
师辈争话;不说俗人家务;不与妇人低声密语;质疑时当礼拜致敬;如问家常事,
不必礼拜;不与人说符咒幻术及一切旁门小术。道教称以上这些为"净口"。

　　(6)作务礼仪

　　凡是作务不应称劳苦;平常时应爱惜宫观中一切事物;洗菜、做饭应三次洗
手,洗去一切污垢。

3)节日

　　(1)三元日

　　三元日也称三元节,农历正月初七、七月七日、十月五日。三元指天、地、水
三官,是五斗米道初创时信奉的主要神灵,有所谓"天官赐福、地官赦罪、水官解
厄"之说,认为三官掌握人之生死命籍,它们将于一年的特定三天中分别下降人
间,考校人之功过,以定人之寿命。

　　(2)吕祖诞辰

　　农历四月十四日,定为吕洞宾之诞辰日,为全真道重要节日之一。

　　(3)真武圣诞

　　每年三月初三,真武诞生,此日即成为道教重要节日之一。宋代以后,人们
对真武神的信仰愈加普遍,其神格愈来愈高,被称为真武大帝,又称玄天上帝。

4）禁忌

道教在祈福道场时，切不可有吊丧、问病、畜产等不洁之物进入道场；不得用灶火烧香；不得击灶；不得在灶前发牢骚、讲怪话；不得将污秽之物送往灶内燃烧；建灶时不准孕妇、产妇或戴孝者在旁边观看，因为这些人不洁净，会冒犯灶神或火神。

建筑房舍要看风水，是民间由来已久的习俗，这与道教的土地龙神信仰有关。一般都忌讳坐北朝南，忌讳南高北低；忌讳选址在干燥或过于潮湿背阴之处。

7.5.3 基督教

1）简介

基督教产生于公元 1 世纪的巴勒斯坦地区的犹太人社群中。公元 1 世纪结束前即逐渐发展到叙利亚、埃及和小亚细亚等地，并扩及希腊及意大利。在 4 世纪以前基督教是受迫害的，直到罗马帝国君士坦丁大帝发布米兰敕令宣布它为合法宗教为止。在 380 年时狄奥多西大帝宣布基督教为罗马帝国的国教，要求所有人都要信奉。1054 年，基督教发生了大分裂，东部教会自称为正教（即东正教），西部教会称为公教（即天主教），16 世纪又从天主教中分裂出新教，以及其他许多小的教派。

按照基督教经典的说法，基督教的创始人是耶稣，他 30 岁左右（公元 1 世纪 30 年代）开始在巴勒斯坦地区传教；基督教基本经典是以《旧约全书》和《新约全书》两大部分构成的《圣经》。

基督教基本教义：

第一，上帝。基督教信仰圣父、圣子、圣灵。绝大多数基督徒相信上帝是三位一体。

第二，创造。基督教认为上帝创造了宇宙（时间和空间）万物，包括人类的始祖。

第三，罪。亚当与夏娃在伊甸园中违逆上帝出于爱的命令，偷吃禁果，想要脱离造物主而获得自己的智慧，从此与上帝的生命源头隔绝，致使罪恶与魔鬼缠身，而病痛与死亡成为必然的结局。后世人皆为两人后裔，难免犯同样的罪，走上灭亡之路。

第四，基督救赎。人生的希望在于信奉耶稣基督为主，因他在十字架上的赎罪,在三日后从死里复活,使悔改相信他的人一切的罪皆得赦免,并得到能胜过魔鬼与死亡的永远生命。

第五,灵魂与永生。人有灵魂,依生前行为,死后受审判;生前信仰基督者,得靠基督进入永生;怙恶不悛者,将受公义的刑罚与灭亡。

2)礼仪

(1)称谓

牧师:拉丁文意为"牧羊人",因耶稣自称"牧人",用"羊群"比喻信徒,故基督教大多教派称具有圣职的教牧人员为"牧师"。

长老:由本教堂平信徒推选的代表,负责管理教会事务,主要源自长老会,现有两种:一种是行政长老,专管教会行政事务;另一种是"按手"长老,专事辅佐牧师牧养信徒。现在长老主要是从执事中推选,其职责仅限本堂及所属聚会点,经本省两会同意,也可以牧养教导信徒,主持圣礼。

执事:原意为"仆役",是由信徒推选出来帮助办理教会事务的信徒,执事并非终身任职,注重服务和关怀工作。

传教士:其主要任务是辅佐牧师传道、管理堂点、牧养教导信徒,也有称教士为布道员、传道员、传教师、传导员。

信徒:一般是指经过牧师正式"领洗"的基督教教徒。

同工:基督教教牧人员之间的互相称呼。

同道:基督教信徒之间的互相称呼。

兄弟:基督教男信徒之间的互相称呼。

姊妹:基督教女信徒之间的互相称呼。

(2)洗礼

洗礼的方式一般有浸礼和点水两种。有条件的要在流动的水中,比如河里、游泳池等地方都可以;如果没有条件,比如天冷,或者是年纪大的人、婴儿等就要用点水了,因为这是受客观条件限制的。

(3)礼拜

许多人称星期天为"礼拜天"或"礼拜日",这个称呼源自基督教。什么叫"礼拜"?"礼拜"也可以叫"崇拜",这个词指的是"尊崇、敬畏、钦佩"之意,它是发自内心的对上帝的崇敬,并通过俯伏敬拜、跪拜等仪态表现出来。

基督教有许多节日和节期,节日是每年庆祝一次,比如圣诞节、受难节和复活节等;而节期却不然,它可以在一年内循环进行,比如每个礼拜天,基督徒是必须去教堂参加礼拜的。

根据《新约圣经》的记载,耶稣于安息日前一天(星期五)钉十字架受难,第

三天(星期日)复活。为纪念耶稣受难和复活,基督教就将这一天星期日定为"礼拜日",所以基督徒在星期日要举行礼拜活动。

基督教"礼拜"的主要内容有祈祷、唱赞美诗、唱诗班献唱、读经、讲道、启应和祝福等。

信徒在教堂礼拜之前,要排除一切杂务的干扰,保持一颗虔诚、谦虚和平静的心;还应该做到衣履整洁、庄重,不能穿汗背心、超短裙、短衬裤和拖鞋进教堂;戴帽子和围巾的人,在进教堂前必须将其摘掉;礼拜仪式一般由牧师主领,如果牧师和长老不在场,传道和执事也可以主领,但是他们不能祝福;祷告就是向神说你要说的,如同儿女对父母说话一样,敞开心扉。

3)节日

(1)圣诞节

圣诞节是基督教最重要的节日。为庆祝耶稣诞生,定于每年的 12 月 25 日为圣诞日,12 月 24 日为圣诞平安夜,一般教堂都要举行庆祝耶稣降生的夜礼拜(根据圣经耶稣降生于晚上),献唱《圣母颂》或《弥赛亚》等名曲。

(2)复活节

复活节是纪念耶稣复活的节日。据《圣经·新约全书》载:耶稣受难被钉死在十字架上后,第三天复活。根据公元 325 年尼西亚公会议规定,复活节在每年春分后第一个圆月后的第一个星期日,一般在 3 月 22 日至 4 月 25 日之间。庆祝活动的具体内容各地不一,最流行的是吃复活节蛋,以象征复活和生命。

(3)受难节

受难节是纪念耶稣受难的节日。据《圣经·新约全书》载:耶稣于复活节前三天被钉在十字架而死。这天在犹太教的安息日前一天,因此规定复活节前两天星期五为受难节。

(4)感恩节

感恩节为美国基督教的习俗节日,起源于 1621 年,初为迁居美洲的清教徒庆祝丰收的活动,后经美国总统华盛顿、林肯等定此节为全国性的节日。具体日期多经更改,1941 年起定为 11 月第四个星期四举行,教堂在这一天举行感恩礼拜,家庭也举行聚会,通常共食火鸡等。中国基督教部分教派守此节,并举行感恩礼拜。

4)禁忌

禁忌因不同教派、不同文化习俗导致不同。基督教聚会场所布置装饰十分简洁,一般不设圣像,包括作为崇拜的画像,突出十字架的标志,这主要源自于

"十条诚命"的教义。

基督教对婚姻十分重视,这主要源自于《圣经》中伊甸园的记叙,基督教认为婚姻是神圣的,应以一夫一妻为原则,上帝创造亚当夏娃即表明这一道理,因此基督教不主张离婚。

不吃血是基督教信徒生活中的一个明显禁忌,因为血象征着生命,是旧约献祭礼仪上一项重要内容,《新约》把血的作用解释为耶稣基督在十字架上流血舍命而带给人的救赎能力;勒死的牲畜也是基督教禁食的,这与禁食动物血一个道理。

看相、算命、占卜等也是基督教禁止的,这些迷信活动相信上帝以外的神秘力量。基督教认为,每个人都是上帝所爱,都有自己的意志选择权,上帝不强加意志给人。

持"基督复临安息日会"教派背景的信徒禁忌上有特别要求。首先认为信徒当守安息日(星期六)时应停止劳动,并在这一天举行聚会礼拜;饮食上不食猪肉和某些水产品。

《新约》部分酒的禁忌较为灵活,没有将饮酒作为禁忌而直接禁绝,让人自己作出选择;烟在《圣经》中没有明确,但大部分基督徒反对吸烟,特别是在聚会和崇拜活动中禁止吸烟。

7.5.4　伊斯兰教

1)简介

伊斯兰教与佛教、基督教并列为世界三大宗教;为穆罕默德所创;7世纪初产生于阿拉伯半岛;中国旧称回教、清真教或天方教;伊斯兰一词原意为"顺从",指顺从安拉(中国穆斯林亦称真主)的意志;主要传播于亚洲、非洲、东南欧,以西亚、北非、南亚、东南亚一带最为盛行;现有信徒7亿~8亿人。

《古兰经》是伊斯兰教的根本经典,被认为是"安拉的言语",传说是安拉通过天使吉卜利勒降给先知穆罕默德的最后一部天启经典。《古兰经》是一部最完善的经典,是伊斯兰教最根本的立法依据。

伊斯兰教教义中的5个基本信条是:

第一,信安拉。相信安拉是宇宙万物的创造者、恩养者和唯一的主宰。

第二,信天使。相信天使是安拉用"光"创造的一种妙体,为人眼所不见。天使只受安拉的驱使,执行安拉的命令,各司其职。

第三,信经典。相信《古兰经》是"安拉的言语",是通过穆罕默德"降示"的最后一部经典。

第四,信先知。相信自"人祖阿丹"以来,安拉曾派遣过许多布"安拉之道"的"使者"或"先知"。穆罕默德是最后一个使者,因而是最伟大的先知。

第五,信后世。相信人要经历今生和后世,认为将有一天,世界一切生命都会停止,进行总的清算,即"世界末日"的来临。

2)礼仪

(1)念功

念功即念诵"万物非主,唯有真主,穆罕默德是主的使者"这句宗教口号,用阿拉伯语念诵,富有音乐旋律感。在我国,这句口号被称为"清真言",念诵清真言,意在表示自己的信仰,是向真主作证。

(2)礼功

礼功即做礼拜,是对安拉的感恩、赞美、恳求和禀告。穆斯林每天要做五时礼拜:天亮时辰拜,中午晌拜,下午太阳偏西时晡拜,黄昏时昏拜,入夜宵拜。礼拜场所不定,方向朝麦加克尔白;礼拜的仪式是匍匐在地,念词统一规定;五时礼拜,拜的次数为4~10次;每到五时拜的时间,由专人唱宣礼词,宣召全体穆斯林停止一切活动,进行礼拜。清真寺都有礼塔,宣礼者在塔上用嗓音或扩音器召唤穆斯林做礼拜。宣礼词统一规定。除礼拜仪式外,还由神职人员讲解《古兰经》。每逢伊斯兰教重大节日,也在清真寺集体做礼拜,称为会礼。穆斯林做礼拜前要先行净礼,有水用水,称为水净;若无水,用土净,用手拍打净土、净沙、净石,再用手摸身体部位。做礼拜的意义在于陶冶性情,不忘冥冥之中真主对自己行为的监察,悔过自新,养成服从宗教领袖的习惯。

（3）斋功

斋功即斋戒。伊斯兰教规定,在伊斯兰教历九月全月,每天日出前一个半小时,到当天太阳落山,禁止饮食、房事和任何非礼行为,直到该月最后一天,看到新月时,斋月即告结束。伊斯兰法规定,男 12 岁,女 9 岁即为成年,未成年人不必斋戒。

（4）课功

课功也叫天课,即缴纳宗教税,是以安拉的名义征收,用于济贫。穆斯林除正常开支外,课的资财达到一定数目,就应按一定的税率交付天课。天课的目的在于培养乐善好施的品德,克服吝啬的劣根性。

（5）朝功

朝功即朝圣。伊斯兰教法规定,凡身体健康、有经济条件的男女穆斯林,一生中至少应去麦加朝觐一次。凡朝圣过的穆斯林被尊称为"哈只"。

3）节日

（1）开斋节

开斋节是伊斯兰教重要的节日之一,具体时间是伊斯兰教历的十月一日。我国新疆地区称开斋节为肉孜节,是斋戒的意思。是日穆斯林群众于上午去清真寺举行会礼仪式等庆祝活动,而后互祝节日快乐、幸福。

（2）宰牲节

宰牲节又称古尔邦节,意为献牲,即宰牲献祭的意思,宰牲的时间在教历十二月十、十一、十二这 3 天内均可。每年每人宰牲一只,按要求一人拿一只羊、七人合宰一头牛或骆驼也可;最好是肥而美的黑头白羊,其次是黄色、古铜色、棕色、斑白色和黑色;不需要给屠宰者费用,剥下的皮不能卖掉;宰得后将肉分成 3 份,一份自食,一份分给贫穷的人,一份馈赠亲友。

（3）拜拉特

"拜拉特"原意是清白和豁免,是每个人都要总结一下一年的功过是非,祈求安拉的宽恕。具体时间是伊斯兰教历八月舍尔巴乃第 15 个夜晚,因此,也称

拜拉特夜和坐夜。

4）禁忌

　　畜禽肉类禁忌:严禁吃自死物;严禁食血液;严禁食用非安拉之命而宰杀的动物;严禁饮酒;禁止一切与酒有关的致醉物品;禁止出席有酒的宴席;严禁服用一切麻醉品和毒品。

　　服饰方面的禁忌有:禁止男性穿戴高贵服饰;禁止妇女显露美姿和妆饰;严禁男人佩戴黄金饰物;忌讳穆斯林穿外教服饰。

　　禁止用右手处理污秽的事物;禁止在礼拜时吐痰、打哈欠、吃东西;禁吃生葱、姜、蒜后做礼拜。

　　严禁与有相近血缘、亲缘、婚缘和乳缘关系的人结婚;严禁与外教人结婚;严禁娶有夫之妇;严禁把离婚当做儿戏。

　　伊斯兰教规定丧葬的基本原则是土葬、薄葬和速葬,这就形成了许多禁忌:禁止在日出、日落和正午时间举行殡礼;严禁号啕大哭;严禁妇女参加殡礼;严禁设立灵位向亡人祷告;禁止妇女为亡人超期守制;禁止自杀。

实训指导

　　1.让学生自己画出主要客源国家的地图,并且标上重点城市。
　　2.模拟不同国家的见面礼,说出不同国家的主要禁忌。
　　3.模拟不同宗教的见面礼,模拟不同宗教的基本礼仪,说出不同宗教的主要节日。

案例分析

案例一:

　　某个国际旅行社组织"新加坡、马来西亚、泰国七晚八日游",小刘一行18人参团。

　　当天抵达新加坡,走出机场导游就热情地欢迎他们,小刘很兴奋就上去和导游热情地拥抱在一起。导游先是一愣,接着就走开了。到了酒店,行李员热情地帮他们把行李搬进了房间,小刘很满意就给他小费,可是他没有收,小刘觉得很纳闷。

　　马来西亚旅游结束时,小刘和导游相处得很融洽,走的时候小刘把自己随身带的一只小乌龟送给导游做纪念,导游不要而且看上去很生气,小刘觉得很奇怪。

到了泰国小刘也被那种佛教气氛感染了,也想购买佛像,可是他去购买时说"买",没有人理他。到了一个旅游点,小刘看见一个小孩子很可爱,随手摸了他的头,这时家长恶狠狠地走过来,大声骂他,导游马上去解释,才算平息。

分析:

不同国家的风俗习惯是不相同的,作为旅游者到达任何目的地之前,必须认真了解、学习目的地的基本礼貌礼节、习俗禁忌,这样不但可以增长知识,而且还可以避免案例中小刘所遇到的情况。

案例二:

国庆期间,S公司组织了来自世界各地的专家相互交流学习,有来自法国的、韩国的、美国的和南非的代表参加会议。

小杨是这次会议的主要负责人,他知道这些专家来自不同的国家,不同的国家在餐饮、礼节、禁忌等方面不相同,面对这种情况,为了使会议圆满结束,小杨可是伤透了脑筋。

请运用所学的知识帮助小杨解决他所遇到的问题。

案例三:

小张是某公司的业务部经理,最近接待了几位英国客户,他们都信仰基督教。这天清晨按照约定他们要在酒店见面洽谈业务,可是都过了约定时间了,还没有看见他们。小张直接到房间里寻找,打开门后小张看见他们正在礼拜。因为今天的时间紧张,小张没有多想就直接和他们谈起了业务上的事情。

用餐时,小张平时喜欢吃血旺,就点了一道毛血旺,可是他看见几位客户一点都不吃,小张想"可能他们不喜欢吃吧",也就没有放在心上。席间他们闲聊时,小张还说自己不太喜欢十字架图案。

几天的洽谈后,最后双方签合同,结果英国客户不愿意合作,小张觉得很遗憾,损失了这么大的一个客户。

请运用所学的知识回答下面的问题:

1. 本案例中,小张有哪些地方做得不对?

2. 假如你是小张,你应该如何接待这些英国客户?

思考与练习

1. 日本有哪些主要礼仪?

2. 泰国的禁忌主要有哪些?

3. 法国的社交礼仪主要有哪些？

4. 与美国人见面在服饰上要注意些什么？

5. 澳大利亚主要的礼仪是什么？

6. 佛教的礼仪有哪些？

7. 道教的禁忌有哪些？

8. 基督教的"礼拜"是什么？

9. 伊斯兰教教义中的 5 个基本信条是什么？

第 8 章
国际礼宾常识

【本章导读】

随着改革开放的不断深入，中国和外国的国际交往越来越频繁。如何既向对方表达出我方的尊重友好之意，又要在对方面前维护好我方的国格人格，是国际交往中需要关注的问题。通过对本章的学习，我们应该了解到一些常用的国际交往惯例。

【关键词】

礼宾次序　国旗悬挂　迎送　会见　会谈　签字　开幕　授勋　庆典

8.1　礼宾次序和国旗悬挂法

1) 礼宾次序

所谓礼宾次序，是指国际交往中对出席活动的国家、团体、各国人士的位次按某些规则和惯例进行排列的先后次序。

一般说来，礼宾次序体现东道国对各国宾客所给予的礼遇，在某些国际性的集体会上则表示各国主权地位的平等。礼宾次序安排不当或不符合国际惯例，则会引起不必要的争执与交涉，甚至会影响国家关系。因此在组织涉外活动时，应对礼宾次序给予重视。

2) 礼宾次序的依据

对于礼宾次序，各国有所不同，我国在涉外活动中的礼宾次序，主要有以下几种排列方法：

（1）按身份与职务的高低排列

这是礼宾次序排列的主要依据。一般的官方活动，经常是按身份与职务的高低安排礼宾次序。如按国家元首、副元首、政府总理（首相）、副总理（副首

相)、部长、副部长等顺序排列。各国提供的正式名单或正式通知是确定职务的依据。

(2)按字母顺序排列

多边活动中的礼宾次序,有时按参加国国名字母顺序排列,一般以英文字母排列居多,少数情况也有按其他语种的字母顺序排列的,这种排列方法多用于国际会议、体育比赛等。在国际会议上,公布与会者名单、悬挂与会国国旗、安排座位等均按各国国名的英文拼写的字母顺序排列。在国际体育比赛中,体育代表团名称的排列、开幕式出场的顺序一般也按国名字母顺序排列(东道国一般排在最后),而代表团观礼或召开理事会、委员会等,则按照出席代表团团长身份高低排列。

(3)按通知组成代表团的日期或按代表团抵达活动地点的时间先后次序排列

在各国家代表团的身份、规格大体相同时,通常采用这种方法。

在实际工作中,礼宾次序是一个政策性很强又极为敏感的问题。礼宾次序安排不当或不符合国际惯例,轻则引起不必要的误解与纷争,重则影响和损害国家的关系。因此,重大的涉外礼宾次序,一定要拟出几种方案,择其优者,并在礼宾部门指导下,慎重、细致地加以安排。

3)国旗悬挂法

国旗是国家的象征、标志。人们往往通过悬挂本国国旗或他国国旗,表示对本国的热爱或对他国的尊重。在国际交往中,还形成了一些悬挂国旗的惯例,为各国所公认。

(1)外事活动中悬挂国旗的场合

按国际关系准则,东道国接待来访问的外国元首、政府首脑,在举行迎送仪式地点等隆重场合,在贵宾下榻的宾馆、乘坐的汽车上悬挂对方(或双方)的国旗(或元首旗),是一种礼遇。

在国际会议上,除会场悬挂与会国国旗外,各国政府代表团团长亦可按会议组织者有关规定,在一些场所或车辆上悬挂与会国国旗。有些国际博览会、世界体育比赛等国际性活动,也往往悬挂有关国家的国旗。

我国目前允许在下列5种场合悬挂或摆放外国国旗:其一,外国国家元首、政府首脑正式到访;其二,外国贵宾访问期间我国举行重要的礼仪活动;其三,国际会议在我国举行;其四,重大的国际活动在我国举行;其五,为在我国所进行的国际经济的重要项目而举行的庆典或仪式。

(2)国旗悬挂的礼仪

制旗规范:国旗颜色、长宽、比例要遵循宪法规定;旗面完好、整洁;参加升、

降旗者,服装整洁,立正,脱帽,行注目礼。

双方悬挂国旗,按国际惯例,以右为上,左为下;客为右,主为左;以旗本身面向为准,右挂客方国旗,左挂本国国旗;汽车上挂国旗,则以汽车前进方向为准,驾驶员右方为上;所谓主客,不以活动举行所在国为依据,而以举办活动的主人为依据。

在室外的旗杆或建筑物上挂国旗,一般应日出升旗,日落降旗。升、降国旗时,在场者要立正、脱帽、行注目礼。

国旗不能倒挂、反挂。

8.2　国际主要礼宾仪式

8.2.1　迎送、会见、会谈的礼仪

1)迎送

在国际交往中,对外国来访的客人,通常均视其身份和访问性质,以及两国关系等因素,安排相应的迎送活动。

各国对外国国家元首、政府首脑的正式访问,往往都举行隆重的迎送仪式。对军方领导人的访问也举行一定的欢迎仪式,如安排检阅仪仗队等。对长期在本国工作的外国人士和外交使节、专家等,到离任时,各国亦由相关部门安排相应人员欢送。

(1)确定迎送规格

对来宾的迎送规格,各国做法不一。迎送规格主要依据来访者的身份和访问目的而定,适当考虑两国关系,同时注意国际惯例,综合平衡。一般说来,友好访问或本国邀请来的就要特别隆重,来求援访问等可以简单些。主要迎送人通常都要同宾客的身份相当,但由于各种原因,不可能完全对等。遇此情况,可灵活变通,由职位相当的人士或由副职出面。总之,主人的身份要与客人身份相差不大,以对口、对等为宜。当事人不能出面时,无论作何种处理,应从礼貌出发,向对方作出解释,其他迎送人员不宜过多。有时也从发展两国关系或当前政治需要出发,破格接待,安排较大的场面迎送。然而,为避免造成厚此薄彼的印象,非有特殊需要,一般都按常规办理。

（2）掌握抵达和离开的时间

必须准确掌握来宾乘坐的飞机（火车、轮船）抵离时间，及早通知全体迎送人员和有关单位；如有变化，应及时通知相关人员。由于天气变化等意外原因，飞机、火车、轮船都可能不准时。一般大城市的机场离市区较远，因此，既要顺利接送客人，又不过多耽误迎送人员的时间，这就需要准确掌握客人的抵离时间。迎接人员应在飞机（火车、轮船）抵达之前到达机场（火车站、码头）。送行则应在客人登机之前抵达（离去时如有欢送仪式，则应在仪式开始之前到达）。如有客人乘坐班机离开，应通知其按本国航空公司规定的时间抵达机场办理有关手续（身份高的客人，可由接待人员提前前往代办手续）。

（3）迎送仪式程序及其内容

迎送主要宾客的仪式一般在机场、火车站、码头举行。举行仪式的场所悬挂宾主双方国旗，在领导人行进的道路上铺设红地毯。迎送仪式大体包括下列内容：

①身份相当的领导人和一定数目的高级官员出席，有的还邀请各国或部分国家驻该国使节参加。

②献花与介绍。安排献花，必须用鲜花，并注意保持花束整洁、鲜艳；忌用菊花、杜鹃花、石榴花等黄色花朵；有的国家习惯送花环，或者送一两枝名贵的兰花、玫瑰花等；通常由儿童或女青年在参加迎送的主要领导人与客人握手之后，将花献上；有的国家由女主人向女宾献花。

客人与迎接人员见面时，互相介绍。通常先将前来欢迎的人员介绍给来宾，可由礼宾工作人员或其他接待人员介绍，也可以由欢迎人员身份最高者介绍。客人初到，一般较拘谨，主人应主动与客人寒暄。

③奏国歌。先奏宾国的国歌，后奏本国的国歌。

④鸣放礼炮。最高规格为 21 响，一般为国家元首鸣放；其次是 19 响，为政府首脑鸣放；再次是 17 响，为副总理级领导鸣放。

⑤检阅三军仪仗队。来访国宾在主人的陪同下，走在靠近仪仗队的内侧，本国首长走在外面，外宾的随行武官和本国的武官各一名可陪同检阅。仪仗队的官兵应对外宾行注目礼，外宾所到之处，目光应始终追随。

⑥陪同来宾到下榻处。客人抵达后，从机场到住地，以及访问结束由住地到机场，有的安排主人陪同乘车，也有不陪同乘车的。如果主人陪同乘车，应请客人坐在主人的右侧；如果是三排座的轿车，译员应坐在主人前面的加座；如果是两排座的轿车，译员坐在司机旁边。上车时，陪同最好为客人开右侧门，让客人从右侧门上车，主人从左侧门上车，避免从客人座前穿过。遇客人先上车，坐到

了主人的位置上,则不必请客人挪动位置。

(4)迎宾线的安排

出面迎送主人的排列位置统称为迎宾线。外宾到达或离开时,出面主人应依次站列(迎接时,职务高者在前;送别时,职务高者可在后),由礼宾官介绍,逐个与外宾握手,欢迎或欢送外宾。

在礼宾操作中,迎宾线的安排,以方便宾主双方见面时握手和寒暄为原则,同时也要兼顾新闻记者拍摄取景的需要。

在一般情况下,迎宾线应安排在面向飞机、火车或船(舷梯)的右侧 1 米左右的地方,如图 8.1 所示。如外宾乘坐汽车,由于主宾坐在主车后排右侧位置上,因此,迎宾线通常安排在主车的右侧并脸朝来车方向,如图 8.2 所示。假若迎送地点(如办公楼或宾馆)有较高的台阶,接待车队不能直接停靠门口,在这种情况下,可视情况把迎宾线安排在台阶下。如因故不在台阶下迎接,应选择在建筑物大厅内或在最上一层台阶后的宽阔处迎接。迎宾线应距最上一层台阶1~1.5米。

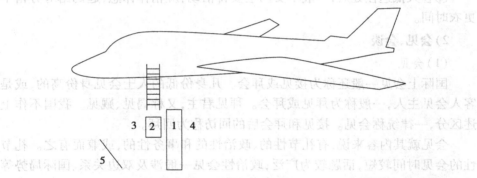

1—出面主人(迎宾线) 2—主宾 3—礼宾官
4—译员 5—记者
图 8.1 机场迎宾线安排

(5)迎送人员工作中的几项具体事务

①迎送身份高的客人,应事先在机场(车站、码头)安排贵宾休息室,准备饮料。

②提前安排汽车,预订房间。如有条件,在客人到达之前将住房和乘车号码通知客人。如果做不到,可印好住房表、乘车表,或打印好卡片,在客人刚到达时,及时发到客人手中,或通过对方的联络秘书转达。这样既可避免混乱,又可以使客人心中有数,主动配合。

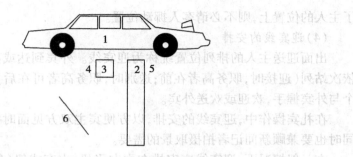

1—主车　2—出面主人(迎宾线)　3—主宾
4—礼宾官　5—译员　6—记者
图8.2　外宾乘车抵达时迎宾线安排

③指派专人协助办理入出境手续及车票(船票)、行李提取或托运手续等事宜。重要代表团,人数众多,行李也多,应将主要客人的行李取出(最好请对方派人配合),及时送往住地。

④客人抵达住处后,一般不要马上安排活动,应稍作休息,起码给对方留下更衣时间。

2)会见、会谈

(1)会见

国际上会见一般还称为接见或拜会。凡身份低的人士会见身份高的,或是客人会见主人,一般称为拜见或拜会。拜见君主,又称谒见、觐见。我国不作上述区分,一律统称会见。接见和拜会后的回访称为回拜。

会见就其内容来说,有礼节性的、政治性的和事务性的,或兼而有之。礼节性的会见时间较短,话题较为广泛;政治性会见一般涉及双边关系、国际局势等重大问题;事务性会见则有一般的外交交涉、业务商谈等。

(2)会见座次的安排

会见通常安排在会客室或办公室,有时宾主各坐一边,有时主宾穿插在一起。某些国家元首会见还有独特礼仪程序,如双方简短致词、赠礼、合影等。我国习惯在会客室会见,客人坐在主人的右边,译员、记录员安排坐在主人和主宾后面,其他客人按礼宾顺序在主宾一侧就座,主方陪见人员在主人一侧就座,座位不够时可在后排加座。我国常用的会见座位的排法如图8.3所示。

(3)会谈

会谈是指双方或多方就经济、文化、军事等某些重大问题,以及其他共同关心的问题交换意见。会谈也可涉及洽谈公务,或就某项具体业务进行谈判。一般说来内容较为正式,政治性或专业性较强。

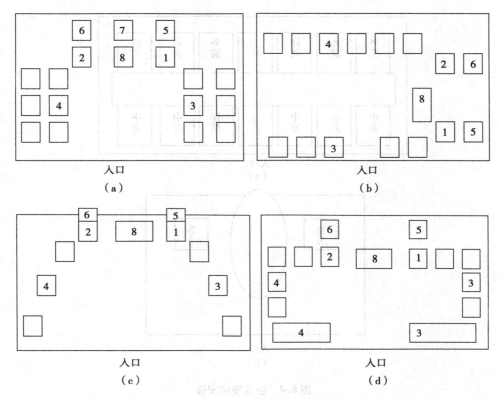

1—主人 2—主宾 3—中方陪见领导 4—外宾
5—中方译员 6—外方译员 7—记录员 8—茶几

图8.3 会见座位安排

（4）会谈座次的安排

会谈时一般使用长方形桌子,主宾各自坐在桌子的一边。面向正门为上座,由客人来坐,背向正门的为下座,由主人来坐。主人与主宾应坐在正中间。我国习惯把译员安排在主谈人右侧,但有的国家让译员坐在后面,一般应尊重主人的安排。其他参加人员按一定的顺序坐在左右两侧,记录员可坐在后面。如果会谈桌的一端对着正门,应以进门的方向为准,客人坐在右边,主人坐在左边。

举行多边会谈时,可把座位摆成圆形或正方形,使其无尊卑可言。小范围会谈,有的不用长桌,只设沙发,双方座位按会见座位安排。常用的两种会谈座位排法如图8.4所示。

（5）会见和会谈中的几项具体工作

①提出会见要求。应将要求会见人的姓名、职务以及会见什么人、会见的目

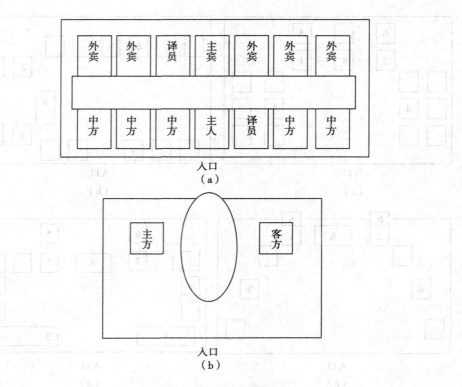

图8.4 会谈座位安排

的告知对方。接见一方应尽早给予回复,约妥时间;如因故不能接见,应婉言解释。

②作为接见一方的安排者,应主动将会见(会谈)时间、地点、主方出席人、具体安排及有关注意事项通知对方。作为前往会见一方的安排者,则应主动向对方了解上述情况,并通知有关人员出席。

③准确掌握会见(会谈)的时间、地点和双方参加人员的名单,及早通知有关人员和有关单位做好必要安排。

④会见(会谈)场所应安排足够的座位。如双方人数较多,厅室面积大,主谈人说话声音低,应安装扩音器。会谈用的桌子,应事先排好座位图,现场放置中外文座位卡,卡片上的字体应工整清晰。主人应提前到达。

⑤如有合影,应事先安排好合影图,人数众多时应准备架子。合影图一般由主人居中,按礼宾次序,以主人右手为上,主客双方间隔排列。第一排人员既要考虑人员身份,也要考虑场地大小,看能否都摄入镜头。一般来说,两端均由主方人员把边,如图8.5所示。

⑥客人到达时,主人可以在大楼正门,也可以在会客厅门口迎候。如果主人不到大楼门口迎客,则应派工作人员在大楼门口迎候,并将客人引入会见厅。如有合影,则应安排在主宾握手之后,双方合影后再入座。会见结束,主人应将客人送至车前或门口握别,待目送客人离去后再退回。

第三排
第二排
9 7 5 3 1 主人 2 4 6 8 10
图8.5　合影图排列

⑦领导人之间的会谈或会见,除陪见人和必要的译员、记录员之外,其他工作人员待安排就绪后均应退出。如允许记者采访,也只是在正式谈话开始前几分钟,然后一律离开。谈话过程中,旁人不要随意进出。

⑧会见时招待用的饮料,各国不一。我国一般只备茶水,夏天加冷饮。如会谈时间较长,可适当上咖啡或红茶。

一般官员、民间人士的会见,安排大体与上相同,也要事先申明来意,约定时间、地点,通知来人身份和人数,准时赴约。礼节性的会见,一般不要逗留过久,半小时左右即可告辞,除非主人特意挽留;日常性交往,客人来访后相隔一段时间,应予以回访;如果客人为祝贺节日、生日等喜庆日来访,则可不必回访,而在对方节日、生日时前往拜望,表示祝贺。

8.2.2　签字、开幕、授勋、庆典的礼节

1)签字仪式

在涉外交往中,有关政府组织、企业或社会团体之间经过协商、谈判,就政治、经济、文化、科技等领域的某些重大问题达成协议后,一般需要举行签字仪式。举行签字仪式通常要考虑以下礼节:

(1)签字仪式的准备工作

首先应做好文本的准备工作,有关单位应及早做好文本的定稿、翻译、校对、印刷、盖火漆印等工作,同时准备好签字用的文具、国旗等物品;双方商定助签人员,并安排双方助签人员洽谈有关细节。

确定签字人和参加签字仪式的人员,签字人的身份必须与待签文件的性质相符;同时,双方签字人的身份、职位应该大体相当。通常情况下,参加签字仪式双方人数大体相等,而且,参加签字仪式的人员基本上是双方参加谈判的全部人员;为表示重视,也可派身份更高的人员见证签字仪式。

(2)签字仪式的程序和位置

签字仪式开始前,应安排好签字仪式的程序和双方签字人的位置。我国举行的签字仪式,一般在签字厅内设置长方桌一张,作为签字桌。桌面覆盖深绿色

台呢,桌后放两把椅子,是双方签字人员的座位,一般按主左客右入座。座前摆的是各自保存的文本,上端分别放置签字文具,中间悬挂签字双方的国旗。签字人在本国保存的文本上签字完毕后,由助签人员互相传递文本,再在对方保存的文本上签字,然后由双方签字人员交换文本,相互握手。有时签字后,备有香槟酒,共同举杯庆贺。

各国签字仪式的安排不尽相同。有的国家安排签字仪式设置两张方桌为签字桌,双方签字人员各坐一桌,双方的小国旗分别悬挂在各自的签字桌上,参加仪式的人员坐在签字桌的对面。

有的国家安排一张长方桌为签字桌,双方参加仪式的人员坐在签字桌前方两旁,双方国旗挂在签字桌的后面。

如有三四个国家缔结条约,其签字仪式大体上如上所述,只是应相应增添签字人员座位、签字用具和国旗等物。至于签订多边公约,通常仅设一个座位,一般由公约保存国代表签字,然后由各国代表依一定次序轮流在公约上签字。

2)开幕式

开幕式是举行盛大活动时最初的隆重仪式。各种博览会、展览会、交易会,如社会发展成就展览会、科技博览会、进出口商品交易会、文化艺术展览会等,一般都要举行开幕仪式。各类工程项目的开工、竣工典礼,援建项目的交接,纪念物的落成等仪式,均与开幕式同类。

开幕式通常由经办一方主持。如果东道国主办,则由东道国方面主持,邀请有关国家的代表团、使节参加;如由展览团方主办,则邀请东道国有关官员出席。国际博览会、国际商品交易会,均由东道国一方主持开幕式;重大的展览会开幕式或重要工程项目的奠基、落成和交接仪式等,往往由东道国国家领导人出席,有时还邀请有关国家派政府代表团参加。

开幕式除双方有关人员参加外,酌情邀请各国驻当地的使节、国外记者等参加。

大型隆重的开幕仪式,会场悬挂参加国国旗(有的还奏国歌),双方致词(主办展览一方先讲,另一方后讲),然后剪彩(由东道国或展览团参加开幕式人员中身份最高的官员或知名人士剪彩,亦有宾主双方各一位或各两位人士剪彩的)。接着参观展览,开幕式结束后,有时还举行招待酒会或招待演出。

3)授勋和授奖仪式

许多国家和国际组织设立了各种勋章、奖励基金、奖章、荣誉称号等,授予本国和外国的领导人、社会活动家、学者、专家、使节以及其他知名人士,用以表彰

他们在某个方面的卓越贡献或为发展两国关系所建立的特殊功绩。

各国在授勋、授奖和授予荣誉称号时,一般都要举行仪式。重要的授勋仪式,一般由国家元首、总理借出国访问之便授予。授予时机,有时安排在各国元首、政府首脑互访时,有关使节离任时,有关人士生日时,或其他有纪念意义的日子进行。有的为此专门举行一定的仪式,有的借会见、宴会或群众大会等场合授予。

授勋的方式:一般由授勋人与授勋者相对而立,相隔三四步,授勋人先宣读授勋决定,然后将勋章佩戴在被授勋人胸前,再将勋章证书递交给被授勋人。有些专门的授勋仪式上,有时授勋人与被授勋人还先后致词。

有的国家为授勋举行隆重庄严的仪式。授勋大厅设主席台和来宾席,授勋人和被授勋人站立在主席台上,授勋国的政府高级官员,被授勋人随行人员及外国使节在来宾席就座;仪仗队在军乐声中护卫两国国旗和勋章进入授勋大厅,将两国国旗竖立于主席台两侧;乐队奏两国国歌;授勋人致词,并将勋章佩挂在被授勋人胸前;被授勋人致答词。

有些国家对来访的国家领导人、学者授予名誉学位或名誉市民等称号,有的还授予城市的金钥匙,其意与授勋大体相同。

4)庆典

为纪念有特别意义的节日或各类企业单位开始正式经营时举行隆重的庆贺仪式。

庆典活动种类繁多,内容很广,有庆祝重要节日的庆典,如国庆节、独立节、五一节等;有各建筑物落成典礼;有学生的毕业典礼以及商铺开张的庆典等。

庆典活动要遵循"热烈、隆重、节俭"的原则。

(1)庆典的准备工作

①发出告示。为了造成一定的影响,引起人们的注意,需要发布告示。告示的内容较为简单,只需写明典礼的时间、地点及被邀请参加的人士。有的告示可以作为广告,通过报纸、电台、电视发布。

②发送请柬。发送请柬邀请有关人士(包括主管领导、知名人士及其他有关人士)参加典礼。告示、请柬至少在庆典活动日的 3 天前发出。

③布置环境。举行仪式的现场要张灯结彩,悬挂庆典的会标。如属开张或开业庆典,会场可设在开张公司或商店的门口,会场的两边可布置来宾或祝贺单位的花篮。总之庆典仪式现场要布置得热烈、大方、得体、有喜庆感。

(2)剪彩仪式的程序及具体做法

一般大型的建筑物落成、开幕式以及商业、企业开张等的庆典活动都举行剪彩仪式。剪彩仪式一般程序有：

①请参加剪彩的嘉宾就位。

②主持人介绍参加剪彩的来宾,并向他们表示谢意。

③安排简短的发言。主要由企业负责人简单介绍企业的基本情况和向支持企业的单位、个人表示感谢。

④进行剪彩。剪彩的彩带通常使用红绸制作的;剪彩前应事先准备好剪刀、托盘和彩带;剪彩时,由协助剪彩的工作人员先拉好彩带,再由另外一名协助剪彩的工作人员端好托盘;剪彩者用剪刀将彩带上的花朵剪下,放在托盘内,这时,场内应以掌声表示祝贺。

⑤参观。对剪彩的项目如开业的企业、商店的新设施或商品进行参观。

⑥举行酒会。为庆贺剪彩仪式的成功,以及答谢参加剪彩的来宾,一般会举行酒会或宴会。

实训指导

1.分别用中外两个国家的国旗,模拟不同场合国旗悬挂和摆放的礼仪。

2.参观或模拟会见、会谈和剪彩仪式的程序和注意事项。

思考与练习

1.礼宾次序有哪些具体要求?

2.制订迎送规格的依据是什么?

3.迎送主要宾客的仪式包括哪些内容?

4.签字仪式要做哪些准备工作?

5.庆典活动应遵循的原则是什么?

旅游行业常用中英文礼仪规范

第一部分 形象及仪容仪表

1）个人卫生（Personal Hygiene）

①必须特别注意体味和口腔的气味。

Pay special attention to body odor and breath odor.

②每天洗澡一次。

Take a bath once a day.

③必须认真选择气味清雅的清新膏。

When using scented deodorants, you should choose a light and discreet scent.

2）制服着装标准（Uniform and Attire Standards）

（1）着装（Attire）

①制服必须干净合体并熨烫平整。

Uniform must be clean, fit and pressed well.

②工作时如果制服被污染，必须立即更换。

When spills occur during work, uniform must be changed.

③领口和袖口不能破损，必须扣紧纽扣。

Collars and Sleeves must not be frayed and all buttons must be attached.

（2）鞋/袜（shoes / Foot Wear）

①工作鞋必须保持干净光亮，必须符合卫生标准。

Shoes must be clean, shiny, and measured up the health standards.

②鞋/袜的款式和颜色必须与制服一致，通常要求是黑色、深咖啡和咖啡色。

All other foot wear must comply with the uniform in design and color. This

should normally be solid black, dark brown or brown.

（3）工号牌（Name Tag）

①工作时间必须佩戴工号牌。

Name tag must be worn at all times during duty hours.

②必须随时保持干净。

Name tag must be maintained in good condition at all times.

③未经特殊许可，不得在工号牌上做任何私人标志。

No decorative or personal pin is allowed in the name tag except when such is issued by the company.

3）仪容仪表

（1）女士（Ladies）

①保持传统发式。

Hair styles should be conservative.

短发必须留出整个面部。

Short hair must be kept off the face.

长发必须用深色的发绳挽到脑后，并用深色的发卡将留在面部的头发夹好。

Long hair must be tied back with a dark-colored ribbon. Loose strands should be kept in place with dark-colored hairpins.

②工作时间内必须化妆（自然工作妆）。

Wear light make-up during working hours.

③指甲保持干净平整，指甲油必须选用自然色。

Fingernails must be clean. If nail polish is used, color should be natural.

（2）男士（Gentlemen）

①每天都必须保持剃须。

Clean-shaven look is highly recommended.

②剃须后使用清新膏。

Choose a clean, light scent after shave.

③头发的长度不得触及后领。

Hair length should not reach back collar.

④必须保持鼻孔干净。

Nostril hair must be trimmed.

4）首饰（ornaments）

（1）女士（Ladies）

①只得佩戴一枚戒指。

Ladies are limited to wear only one ring.

②选择款式简单的手表。

Watch should be conservative in design and color.

③佩戴的项链和链坠必须细小精致。

Necklace and strand should be simple and thin.

④仅可以佩戴耳钉。

Stud earrings, no drop or loop earrings are permitted.

⑤不得佩戴鼻环。

Nose studs are forbidden.

（2）男士（Gentlemen）

①可佩戴一枚戒指。

Limited to wear only one ring.

②不得佩戴手镯、手链。

No bracelets.

③手表的款式和颜色必须简单。

Watch should be conservative in design and color.

④项链和链坠必须细小简单。

Necklace and strand should be simple and thin.

⑤不得佩戴耳环（钉）/鼻环（钉）。

No earrings or nose rings/studs.

第二部分　旅游企业常用中英文礼貌用语

1）基本礼貌服务用语

（1）欢迎语

欢迎您住在我们宾馆。

Welcome to our hotel.

欢迎您来这里进餐。

Welcome to have dinner(breakfast/lunch/supper).

希望您在这里生活愉快。

I wish you enjoy your stay with us.

(2)问候语

您好!

Hello!

早上好/下午好/晚上好!

Good morning/afternoon/evening!

晚安!

Good night!

(3)祝贺语

恭喜!

Congratulations!

祝您节日愉快!

Have a good holiday!

祝您圣诞愉快!

Merry Christmas!

祝您新年快乐!

Happy New Year!

祝您生日快乐!

Happy birthday (to you)!

祝您一切都好!

All the best!

(4)告别语

再见。

Good-bye!

明天见。

See you tomorrow.

祝您旅途愉快!

Enjoy your journey! / Have a nice trip!

欢迎您再来。

Welcome to come again.

（5）征询语

您有什么事情？／我能为您做些什么吗？

May I help you? /What can I do for you?

需要我帮您做些什么吗？

Do you need any help?

您还有什么别的事情吗？

Is there anything else I can do for you?

这会打扰您吗？

Does this disturb you?

您喜欢……吗？

Do you like…?

您需要……？

Do you need…?

您能够……吗？

Could you…，please?

如果您不介意的话，我可以……吗？

Could I…，if you don't mind.

请您讲慢点。

Could you please speak slowly?

（6）应答语

不必客气。

Don't mention it. /You are welcome.

没关系。

It doesn't matter.

这是我应该做的。

It's my duty.

我明白了。

I see.

好的。

Ok / All right.

是的。

Yes.

非常感谢。

Thank you very much.

谢谢您的好意。

Thank you for your kindness.

(7)道歉语

实在对不起。

I'm sorry.

打扰了/请原谅。

Excuse me.

感谢您的提醒。

Thanks for your reminding.

请不要介意。

Never mind.

(8)推托语

很遗憾,不能帮您的忙。

I am so sorry that I can't help you.

没有听说。

I am so sorry, I have never heard about it.

2)接听电话礼貌用语

①您好,我是×××。

Hello, this is…speaking.

②对不起,您拨错了电话号码。

I am sorry, I'm afraid you've gotten the wrong number.

③请拨电话号码……

Please dial the number……

④早上好,这里是×××宾馆。

Good morning, ××× hotel, may I help you?

⑤您要转哪间房?

Could you please tell me the room number?

⑥您找谁?

Whom do you call for, please?

⑦名字是怎样拼写的?

How do you spell the name, please?

⑧对不起,请讲慢点。

I am sorry. Could you speak a little slowly, please?

⑨请再说一遍。

I beg your pardon.

⑩请稍等一下。

Just a moment, please.

⑪我们正在查找。

We are checking it for you now.

⑫我给您接通××.

I will put you through to ××.

⑬现在占线。

The line is busy.

⑭对不起,没有人接。

Sorry, nobody answer.

⑮请等一下,不要挂断。

Hold on, please.

⑯让您久等了。

Sorry to have kept you waiting.

⑰您能听清楚吗?

Can you hear clearly?

⑱您不在时××先生来电话找您,请回电话,号码是……

Mr. ×× has called you when you were out. Please call him back. The telephone number is…

3)电话礼仪基本技巧(Main Skill of Telephone Manner)

①学会使用话机系统。

Learn how the telephone system works.

②根据公司标准接听电话。

Follow company telephone rules.

③学会回答客人常常问到的问题。

Learn the answers to regular questions.

④接听电话前必须准备笔和记事本用来作记录。

Check that you have notepad and pen near the telephone before answering the phone.

⑤必须友善、愉悦和有礼。

Be friendly, pleasant and Polite.

⑥微笑。

Smile.

⑦(声音)清晰。

Be clear.

⑧有耐心。

Be patient.

⑨专注。

Concentrate and show your care.

⑩对重点作记录。

Make brief notes.

4)酒店客房服务礼貌用语

(1)一般用语

您好!

Hello!

欢迎您到我们宾馆(楼)来。

Welcome to our hotel.

请问您的房间号是多少?

Could you tell me your room number?

请让我来拿您的行李吧。

Let me take your luggage.

请这边走。

This way, please.

这是您的房间,请进。

This is your room. Come in, please.

您旅途辛苦了,请坐下休息。

You may be tired for a long journey. Please sit down and have a rest.

有事请打电话到服务台,号码是……

Please call front desk if you need anything help. The number is…

我们很乐意为您服务。

It's our pleasure to sever you.

请好好休息,再见。

Have a good rest. See you.

（2）接受宾客交办事项时

请问有何贵干？

Excuse me, what can I do for you?

我能帮助您吗？

Can I help you?

好，我马上就去办。

Ok, I will do it right now.

我马上给您查一下。

I check it immediately.

我们马上给您送到房间。

We will send it to your room at once.

对不起，让我弄清楚了再答复您。

I am sorry. I'll reply you after I make it clear.

我们马上请人把它修理好。

We will send someone to repair it soon.

实在对不起，这个我们做不到。不过我们可以与有关方面联系。

We are so sorry, we can not do it, but we can contact related departments.

（3）为客人计算账目时

先生，今天我们给您的房间补充了两包花生，请您签单好吗？

Sir, we have supplied two bags of peanut. Could you please sign it?

晚上好，先生。请问您是不是明天走？

Good evening, sir. Will you check out tomorrow?

请您签电话单/酒水单/洗衣单/好吗？

Could you please sign your telephone /drink/laundry/bill?

请告诉我们您明天早上大概什么时候走？

Could you tell us what time you will probably leave tomorrow morning?

请问你有没有用房间里的食品和酒水？

May I ask if you have used any food or drink in your room?

请问您有没有打过长途电话？

May I ask if you have made a long-distant call?

先生，您的账单准备好了，现在付款吗？

Your bill is ready, sir. Do you pay now?

(4)接待来访客人时

先生,请问找哪间房的客人?

Hello, Sir, whom are you looking for? / Which room does the guest live in?

我帮您查找。

Let me check it for you.

对不起,他刚出去了,请在大厅等好吗?

Sorry, he has left just now. Could you please wait for him at the lobby?

××先生正在八楼餐厅等您。

Mr. ×× is waiting for you in dining hall on 8th floor.

(5)对病客探问、服务时

××先生,听说您不舒服,我们感到很不安。您现在好一点了吗?需不需要请医生看看?我们宾馆有医疗室。

Mr. ××, we are so sorry to hear that you don't feel well. Are you feeling better now? Do you need to see a doctor? There is a clinic in our hotel.

我陪您去好吗?

Shall I accompany you?

对不起,医疗室现在关门了,请您到市医院的诊室吧。

I am sorry, the clinic is closed. Please go to emergency department of city hospital.

您想喝(吃)点什么?

What would you like to drink /have?

我们给您送餐好吗?

Shall we provide room service for you?

希望您早日恢复健康。

Wish you recover soon.

有事请按铃,我们会马上到您房间的。

Please push the bell if you need anything for help. We will come to your room at once.

(6)出现差错、向客人赔礼时

××先生,对不起,我在清扫房间时不小心把你的眼镜打破了。

I am so sorry, Mr. ××, I have carelessly broken your glasses when I made up your room.

××小姐,对不起,我们不小心把您的两个扣子丢失了。

I am so sorry, Miss ××, we have carelessly lost your two buttons.

我是应该赔偿的。

I should pay for it.

请告诉我应该赔偿多少?

Please tell me how much I should pay for it/them?

对不起,洗衣房把您的衬衣洗不了。

We are very sorry that your shirt was badly laundered.

像这种情况下,我们通常最高赔偿洗衣费的 10 倍。

In this case, the highest compensation we normally give is ten times of laundry fee.

5)餐厅服务礼貌用语

(1)为进入餐厅的客人领台时

早安,先生,请问一共几位?

Good morning, Sir. How many of you are there?

请往这边走。

Would you come this way, please?

请跟我来。

Would you follow me, please?

请坐。

Would you take your seats, please?

请稍坐,我立刻给您安排。

Please take a seat. I will arrange for you right now.

请等一等,您的桌子马上就准备好。

Please wait a moment. Your table will be ready immediately.

请先看看菜单。

Would you please read menu first?

你喜欢坐这里吗?

Would you like to sit here?

对不起,您和那位先生(小姐)合用一张桌子好吗?

Excuse me, do you mind using the same table with this gentleman /lady?

对不起,这里有空位吗?

Excuse me, is there any free seat?

对不起,我可以用这张桌子吗?

Excuse me, shall I use this table?

（2）给客人点菜时

对不起，现在可以点菜了吗？

Excuse me. Are you ready to order now?

您喜欢喝什么酒？我们有……

What would you like to drink? We have...

您喜欢吃点什么？

What would you like to have?

您喜欢……吗？

Would you like...?

请尝尝今天的特色菜好吗？

Would you like to taste the special dishes for today?

请问还需要什么吗？

Do you need anything else?

真对不起，做这个菜需要一定时间，您能多等会儿吗？

Sorry, it will take some time to cook this dish. Would you please wait a little longer?

真对不起，这个品种刚卖完。

We are awfully sorry. This kind of dish has sold out just now.

好的，我跟厨师联系一下，会使您满意的。

All right, I will contact the cook. You will be satisfied.

给您再添点饭好吗？

Would you need more rice?

您喜欢再要点别的吗？

What anything else would you like?

来点水果吗？

Would you like some fruit?

您的菜够吗？

Are your dishes enough?

您吃得满意吗？

Are you satisfied with your food?

打扰您了，这是您的东西吗？

Sorry to disturb you. Is this your belongings.

（3）撤去用后餐具时

我可以撤掉这个盘子吗？

May I take away this plate?

对不起，打扰您了。

Sorry to interrupt you.

谢谢您的帮忙。

Thank you for your help.

我可以清理桌子吗？

May I clean this table now?

（4）给客人结账时

现在可以为您结账了吗？

Would you please settle the account now?

对不起，我们这里不可以签单，请付现款吧。

I am sorry. It is not available to sign the bill here. Please pay in cash.

一共××元，谢谢。

The total amount is ××. Thank you very much.

希望你对晚/早/午饭满意。

Wish you satisfy with your dinner /breakfast/ lunch.

对不起，先生/小姐，昨天我们忘了给您结账，您现在付钱可以吗？

I am sorry, Sir/Madam. We forgot to settle your account yesterday. Would you please pay now?

谢谢，欢迎您再来。

Thank you. Welcome to come again.

附录二
中国主要少数民族民俗禁忌

我国是一个统一的多民族国家,共有56个民族。在长期的历史发展中,由于地理环境、经济条件和社会文化等因素的影响,不同的民族在自己的信仰、节日、饮食、禁忌等方面形成了自己独特而传统的风俗习惯。

1) 壮族

(1) 简介

壮族是中国少数民族中人口最多的一个民族,人口1 700余万(2005年),主要聚居在广西、云南、广东、贵州、湖南等地。

壮族有集本民族民间文学、音乐、舞蹈、技艺的壮戏,铜鼓是壮族最有代表性的民间乐器。壮锦主要产自广西,是壮族民间流传下来的一种独特的织锦艺术,已有一千年的发展史,与南京的云锦、成都的蜀锦、苏州的宋锦并称"中国四大名锦"。

壮族在宋代史籍中称为"撞"、"僮",新中国成立后称"僮"。1965年10月12日,经广西僮族自治区人民委员会报请国务院批准,改为"壮族"。

(2) 礼仪

客人到壮族家,壮族人必在力所能及的情况下给客人最好的食宿;对客人中的长者和新客尤其热情;用餐时须等最年长的老人入席后才能开饭;长辈未动的菜,晚辈不得先吃;给长辈和客人端茶、盛饭,必须双手捧给;先吃完的要逐个对长辈、客人说"慢吃"再离席;晚辈不能落在全桌人之后吃饭。

壮族人没有作揖、跪拜、握手等见面礼,而是通过语言和丰富的表情充分表达自己的问候;人们在村里或路上相见,便互相道贺"恭喜发财"。

(3) 节日

壮族人每月都有自得其乐的节日。其中比较盛大的有春节、三月三歌节、牛魂节、歌圩节、莫一大王节、中元节和霜降节等。

①春节。春节是最隆重的节日。年三十吃过丰盛的晚餐,人们便围着火塘守岁。子时一到,人们立即焚香点烛,在神台上供满了猪肉、整鸡、粽子、汤圆、米

酒等祭品。孩子们则燃放鞭炮。有不少地方的壮族妇女马上提着水桶或竹筒到泉眼、河边打"新水",讨个吉利;男人则提着灯笼奔向庙社烧香;有的地方把大门打开,一家人聚集在院子里朝东方拜揖,祝福道:"东方大利,一年万利,今年更比去年好!"

年初一这一天,多数地方的壮族人不串门。人们白天吃汤圆,晚餐才吃荤菜,认为这样可以消灾祛病。初一的禁忌很多:这天一律禁说不吉利的话;禁动剪刀,怕新的一年里家人巧嘴利舌,吵嘴骂人;不得扫地,怕破财;也不得把东西拿到干栏外,更不借东西给别人,怕家财外流;有些地方禁止敲锣打鼓,怕惊动鬼神,但有些地方则可以敲打一种齐人高的牛皮大鼓,周围几千米清晰可闻;不少地方从初一到初五,灶里要燃硬木,不能熄灭,表示子孙绵长,香火不断;这天也不得杀生,猪、鸡、鸭都必须在年前几天收拾干净,以备祭祀和食用。从初二起,亲朋开始来往拜年。特别是已经出嫁的女儿,要带几千克肉或鸡鸭等礼品,和丈夫、孩子一起回到娘家拜年。出嫁的姐妹趁此时机聚会,共叙别情。

②三月三。三月三是清明节,同时也是壮族的歌节。壮族人对祭扫十分看重,届时全家出动,带上五色板、肉、香烛、纸幡到祖先坟上去供奉祭拜。山野间不时传来鞭炮声,久久不绝于耳,白色的魂幡在坟顶的竹竿上飘动,造成了一种神秘肃穆的气氛。

③牛魂节。每年的四月初八是牛魂节,又叫作脱轭节。在壮族人的意识里,牛是天上的神物,不是凡间的一般牲口。有一个故事说它四月初八诞生于天上,所以这天是牛王诞日。当初因为陆地岩石裸露,黄土望不到边,尘沙弥漫,严重影响了人类的生活,牛王奉命从天上来到人间,播种百草,原定是三步撒把草种,谁知它糊涂了,竟一步撒三把,使得野草丛生,侵凌田禾,因此被罚留在人间吃草。但天上并没有忘记它,每年四月初八,牛魔王便从天上下到凡间,保佑牛不瘟死。因为是给牛过节,这一天人和牛都停止劳动。主人用枫叶水泡糯米蒸饭,然后先捏一团给牛吃。在牛栏外安个小矮桌,摆上供品,点香烛,祭祀牛魔王。人们还要唱山歌,唱彩调,欢庆牛的生日。

④莫一大王节。每年六月初二为莫一大王节,是为纪念敢于反抗封建皇帝的壮族英雄莫一。柳江、龙江两岸的壮族群众把他奉为祖先,在神龛上写有他的神位。每年六月初二为一小祭,6年一大祭。小祭是各家宰鸡杀鸭,焚香供祭,求他佑护壮家人安宁;大祭十分隆重,要在莫一大王庙举行盛大的仪式。供品用两牲,即一头猪,一头牛。祭祀的方法也很特别,要用猪和牛的肉、骨头、肝、肠等不同部位做十二道菜,少一道也不行;十二道菜也不能同时做,同时摆上神台,而是隔一会送一道,十二道齐全,即可焚纸行礼;祭毕,将每道菜按全村户数分份,

每户一人参加聚餐,礼成。

⑤歌圩节。歌圩节的日期不一样,但大体以春秋二季为最盛。歌圩上所唱的歌,主要是以男女青年追求美好爱情和理想为主题。其内容一般为见面歌、邀请歌、盘歌、新歌、爱慕歌、盟誓歌、送别歌等。歌圩节一般为期一天,也有连续两三天的。歌圩节非常热闹,除青年们对歌外,还有唱戏的、做买卖的,各种日用百货、绫罗布匹、饮食糕点、鸡鸭鱼肉、蔬菜等,应有尽有,实际上歌圩也带有几分交易会的性质。

⑥达努节。达努节时间是农历五月二十六至二十九日,从二十六日开始,家家祭祖。做一缸密封的小米酒放在香炉旁,夜深人静,主妇悄悄包粽子,不让人看见,煮熟后才叫家人来吃;二十七日老人斗鸟;二十八日杀猪宰羊,远亲近友互相往来,敲打铜鼓,高唱酒歌;二十九日全寨男女聚集一起,挑肉担酒背着铜鼓上山顶摆歌场酒宴。男女对歌赛鼓,中老年喝酒诵"笑酒词",孩子们燃爆竹学打鼓,也有赛马、射箭等。

(4)禁忌

壮族人忌讳农历正月初一这天杀牲;有的地区的青年妇女忌食牛肉和狗肉;妇女生孩子的头三天(有的是头七天)忌讳外人入内;忌讳生孩子尚未满月的妇女到家里串门;忌筷子跌落在地上,认为不吉利;吃饭时忌用嘴把饭吹凉;更忌把筷子插在饭里。

2) 满族

(1) 简介

满族主要分布在东北三省,尤以辽宁最多,少数聚居在一些大中城市。清代以来,由于满汉两个民族长期杂居,两族差异逐渐缩小。在中华民族的发展进程中,满族在政治、文化、科学领域里涌现了一大批优秀人才。满族有自己的语言、文字,满族语属于阿尔泰语系,17世纪40年代后,满族普遍使用汉语和汉文,现在只有黑龙江的少数老人会说满话。

(2) 礼仪

满族进入辽、沈以前,具有精于骑射的特长,7岁左右的儿童即以木制弓箭练习射鹄,女子执鞭不亚于男子。满族的服饰,男子剃去周围头发,束辫垂于脑后,穿马蹄袖袍褂,两侧开叉,腰中束带,便于骑射；女子在头顶盘髻，佩戴耳环，穿宽大的直统旗袍，脚穿高底花鞋。入关以后，满汉服装逐渐趋于一致。

满族重视礼节。平时见长辈行"打干"礼，男子曲右膝，右手沿膝下垂，妇女则双手扶膝下蹲；平辈亲友相见，不分男女行大礼。满族以西为上，室内西炕上不得随便坐人和堆放杂物。

（3）节日

满族的传统节日基本上与汉族相一致，主要节日有：

①春节。春节前要做满族传统糕点——萨其玛；张贴对联、窗花、挂笺；满族喜戴荷包，也互相赠送；除夕下午和元旦上午要祭祖、祭天，除夕要接神，接神后在大门口放一横木以阻鬼魅进来；除夕也挂门神，以驱邪避鬼，这是吸收了汉族风俗的结果；除夕夜分发"神纸"，晚辈男子到族内各家"辞岁"；除夕半夜子时家家吃饺子，还要把几枚铜钱暗藏饺子中，吃到者则"终岁大吉"；除夕夜家家院内竖起灯笼杆，高挑红灯，由除夕至初六，夜夜不熄。

②元旦。俗称大年初一，大家皆早起，穿戴新衣冠，互相恭贺新春，谓之"拜年"。

③灯节。又称元宵节，在正月十五日，接彩灯、制作"冰灯"，张灯三日。有人物、瓜果、禽兽、鱼蟹灯，还有舞狮子、踩高跷、旱船、秧歌、灯官等活动，非常热闹。

④端午节。五月初五端午节，俗称五月节。满族的端午节意在防瘟疫，不是纪念屈原。端午日，家家门口插上艾蒿，人人身戴荷包，里装雄黄面，消灾祛毒。凌晨，人们三五成群到郊外"踏露"，用露水洗脸，洗手，喝一口溪水，谓可不生眼疾、不生疮、不会肚子疼，早晨吃煮鸡蛋，不"苦夏"，反映了满族人民除害防病的愿望。

⑤大祭。大祭没有固定日期，沈阳满族富户每年一次，贫家三五年一次，一般在腊月举行，连祭三日。第一天祭祖，上午叩头杀牲为朝祭，晚上"背灯祭"；第二天祭天，亦称"外祭"，又叫"立杆大祭"，叩头杀牲，吃"小肉饭"和"大肉"，"大肉"俗称"燎毛肉"；第三天祭佛托妈妈，即"背灯祭"之神祇。"背灯祭"为感恩、报恩，此祭则为求子孙兴旺、人口平安。

⑥腊八。腊八粥源于佛教，"腊八粥"又称"佛粥"。满族接受此俗甚早，满族人年年熬腊八粥，以黄米、江米、小豆、绿豆、大豆、枣、栗等合为粥，合家聚食，以祈祷丰收。

（4）禁忌

满族最突出的忌讳是不准杀狗，不吃狗肉，不穿戴带有狗皮的衣帽；在满族

人家里做客,不要当着主人的面赶狗,不能说狗的坏话,否则主人会认为你是当面侮辱他,会不客气地下逐客令;忌讳打喜鹊和乌鸦;以西为上,特别忌讳一般人尤其是青年人坐西炕,更忌讳妇女在西炕上生孩子;忌在索罗杆(神杆)上拴牲口;祭祖时大门口挂放的谷草是为祖先的马匹准备的,忌孕妇、寡妇、戴狗皮帽子的人接近。

不许从锅灶、火塘的三脚架上越过,不能用脚蹬踏或者随便坐在锅灶上或火塘边;不准在锅灶口或塘上烤脚、袜子、鞋靴;禁止将吃剩下的食物、骨头、鱼刺等扔进锅灶或火塘里。

3)回族

(1)简介

回族是中国少数民族中人口较多的民族之一,主要聚居于宁夏回族自治区,在甘肃、新疆、青海、河北以及河南、云南、山东也有不少聚居区。

在日常交往及宗教活动中,回族保留了一些阿拉伯语和波斯语的词汇,在边疆民族地区,回族人民还经常使用当地少数民族的语言。

回族有小集中、大分散的居住特点。在内地,回族主要与汉族杂居;在边疆,回族主要与当地少数民族杂居;大都分布于水陆交通线上,因此经济文化较为发达。

回族服饰与汉族基本相同,所不同者主要体现在头饰上。回族男子多戴白色或黑色、棕色的无沿小圆帽;妇女多戴盖头,特别是在西北地区,少女及新婚妇女戴绿色的,中年妇女戴黑色、青色的,老年妇女戴白色的。

回族人信仰伊斯兰教。伊斯兰教在回族的形成过程中曾起过重要作用。

回族主要从事农业,有的兼营牧业、手工业。回族还擅经商,尤以经营饮食业突出。

(2)礼仪

①见面礼。回族见面礼主要是道"色俩目",阿拉伯音译,原意为和平、平安、安宁,回族人之间相互的祝贺词。

客人来拜访时应在其门前征得主人许可后方可进入,不可冒昧闯人,惹人讨厌。做客入座时,不能从人前面跨过,应先道声"色俩目"。在家中接待客人时,以喜悦面容相待,应马上沏茶、备饭,不可一见面先对客人说:"你吃饭了没?""你喝茶不?""我给你做饭吧!"上饭前,应先上盖碗茶。沏茶时,当着客人面揭开碗,再放入茶、冰糖、桃仁、红枣、葡萄干、桂圆肉等,倒入开水后加盖碗,用双手捧递给人,这表示对客人的尊敬,同时暗示客人,这茶不是别人喝过的。

②洗三。小孩诞生以后要"洗三",即请亲邻来吃羊肉长面,表示祝贺小孩

平安、长命百岁,邻居们会在"洗三"这一天给生小孩的人家送"长面"。

③命名礼。主要请阿訇给小孩取经名,大都取自伊斯兰教圣人的名字,如男名有阿里、努哈、穆萨、尤努、尤苏夫等;女名有阿永、法图麦、色麦、麦燕等,以图吉利。

④"抓周礼"。回族举行抓周礼(也叫岁礼)时,要蒸岁糕,同时要摆放一个大红桌子,上面放上钢笔、笔记本、《古兰经》等东西,孩子如抓到《古兰经》就意味着将来是阿訇。

（3）节日

古尔邦节和开斋节是回族的两大主要节日。

"古尔邦",阿拉伯语为"牺牲"、"献牲"之意,并称"宰牲节"和"献牲节"。按伊斯兰教历,每年十二月十日为古尔邦节。

"开斋节"也叫"尔德节"。伊斯兰教规定,每年教历九月定为斋月。在斋月里要封斋,要求每个穆斯林在黎明前至落日后的时间里,戒饮、戒食、戒房事等,目的是让人们在斋月里认真地反省自己的罪过,使经济条件充裕的富人,亲自体验一下饥饿的痛苦。到教历十月一日即斋戒期满,举行斋功庆祝会,这一天就是开斋节。

开斋节这天,人们早早起床、沐浴、燃香,衣冠整齐地到清真寺做礼拜,聆听教长讲经布道。然后去墓地"走坟",缅怀"亡人",以示不忘祖先。节日当天,人们在居住区域内,挨门串户地互致节日问候(俗称"拜节"),家家户户炸制"油香"和"馓子"食品,宰杀牛羊用来招待宾客亲朋,互相馈赠。

（4）禁忌

回族的饮食禁忌颇多,主要有:进入清真寺忌抽烟;忌食猪肉以及凡有犬齿且猎食其他动物的猛兽;语言上,对食用的畜禽忌说"肥",而说"壮";忌说"杀",而说"宰";忌说"肉"而说"菜"等。

4）苗族

（1）简介

苗族主要分布在我国贵州、湖南、云南、四川、广西、湖北、海南等地,居住环境各地差别较大,多为山坡地或较平坦的山脚,也有高寒山区。苗族人口为8 940 116(2000年)。苗族使用苗语,由于长达几千年的迁徙,住地分散,苗语逐步分成三大方言,即湘西(东部)方言、黔东(中部)方言和川黔滇(西部)方言。

苗族历史文化悠久,早在4 000多年前从黄河流域到长江流域以及长江中游以南地区,居住着许多氏族和部落,其中史籍称为"南蛮"的氏族或部落里就包括苗族先民在内。有关苗族的族源问题,各种争论在史学界中至今尚未定论,

但是已有足够的史料可以证明的是,早在2 000年前的秦汉时代,苗族的祖先已经聚居在至今还是他们比较集中的湘西、黔东这个当时称作"五溪"的地区。历史上称居住在这一地区包括苗族祖先在内的少数民族为"五溪蛮"或"武陵蛮",后来他们陆续向西迁徙,才逐渐形成现在的分布局面。

(2)礼仪

苗族人民勤劳朴实、开朗大方、热情好客。不论熟人还是陌生人,见面后常以一句"鸟荣"(一切可好)互相问候;当苗族看到一个外族人会讲苗语时,认为这是对苗族人民的尊重,将把客人奉为上宾接待。

苗族人家的住房一般为三间,进门的一间为堂屋,是接待客人的地方;两边各一间,分别是火塘和主人家的卧室;一般主人的卧室,外人不得随意进入。屋内不能吹口哨;老人面前不跷二郎腿;走路不从别人面前走过而要从背后绕行;苗族十分忌讳戴孝的人进入自己家。

家里来了贵客,苗族必杀鸡以酒招待;男性客人一定要接受苗家的敬酒,若实在不会喝酒,应该非常有礼貌地加以说明,否则被视为无礼,将失去苗族同胞的信任。

按苗族传统的礼节,鸡头是要敬给老人的,但为了表示对客人的最高敬意,主人常常把鸡头给客人,这时懂礼貌的客人就应该双手接过鸡头,然后再转献给在座的老人或长者;客人一般不能夹鸡肝、鸡杂和鸡腿,要敬给老年妇女,鸡腿则是留给小孩的;如果碰上苗族人家吃饭,主人必定邀客人入席;如果客人吃了或另有安排,要如实相告,不能以一句"不吃"加以拒绝或一声不吭地离开,这样会被认为不尊重主人,认为你没有礼貌;当主人把客人送到门口或寨外,叮嘱客人下次再来时,客人应说"要来的",而不能说"不来了",否则也被认为不懂礼貌。

参加苗族的婚礼、葬礼,应和当地人一样,带点钱物表示祝贺或哀悼;在葬礼中,收到客人的财物后,孝儿孝女将向客人行跪拜礼敬酒,表示深深的谢意;客人不论喝多喝少,都要接过他们的酒杯,否则被视为无礼。

凡是幼辈见了长辈都必须说话诚恳、行为恭敬、笑脸相迎,并要用一定的尊敬词相称。若是幼辈正在行走,见了老人或长辈,必须立定;若幼辈坐着,长辈来了,应该立即起身让长辈坐,眼睛要平视,双手要放下;如遇到自己不相识的长辈,对方年龄比自己大一二十岁的,男的称呼为"得讷",女的称呼为"得目",年龄再大一点的,男的称呼为"阿打"(外公)或"阿内能共"、"阿内能果"(老人家),女的称呼为"阿达"(外婆)或"阿内能共",称呼完毕后,幼辈才能坐下或告辞。

凡是平辈相见,必须点头招呼;若是相识的,要用固定称谓;如果不相识,男的可称之为"阿郎"(大哥)或"把秋"(老表),女的可称之为"阿娅"(大姐)。

凡是长辈见幼辈,一般都要行点头礼,相识的按固定称谓相呼;不相识的,如果是壮年,男的可称呼为"得那",女的可称呼为"阿娅";如果对方是幼年,无论男女,都可称呼为"得苟"(小弟弟、小妹妹)。

老人或长者与青年或幼辈一起走路时,青年人或幼辈必须让老人或长辈走在前头;老幼同桌吃饭时,老人坐上,壮年坐下,两边座位一般人都可就座;老幼同在地楼上的火坑边入座烤火叙谈时,靠近中柱的那一方习惯于让客人、长辈、老人坐,其他方可随意坐人。

(3)节日

苗族是一个富有古老文明、讲究礼仪的民族,岁时节庆独特鲜明。

苗族传统节庆按功能含义分为:农事活动节庆;物质交流节庆;男女社交、恋爱、择偶节庆;祭祀性节庆;纪念性、庆贺性节庆。

按时序分,一岁分12个月,每月都有一个以上的节庆日。

动月(鼠或子月)有玩年节;二月有牛王节;三月有端午节,亦称屈原节、歌师节;四月有降龙节(汉籍称为六月六、六月场)、吃薪节;五月有小年节;六月有鸭节、赶秋节;七月有酒节;八月有祭祀节;九月有狩猎节;十月有吃猪泡汤节(杀年猪)、灶神节(祭灶神)、除夕夜(大年夜,汉籍称苗人十月过年)等。

(4)禁忌

苗族妇女生了小孩以后,忌讳外人进入,特别忌穿雨鞋者和孕妇进入;家有产妇,都要在门前悬挂一顶破草帽或在屋外岔路口插上一枝绿树枝,以示谢绝外人进入;如果不慎闯入产妇家,主人会端出一碗水让客人喝,客人应该把水喝干,切记不能把喝不完的水倒掉;如果客人穿雨鞋进入了产妇人家,客人临走时,主人会让客人把鞋脱下,拎着倒过来的鞋出门,客人应尊重主人的请求。苗族习惯,产后3天之内闯入产妇家叫"踩生",踩生者必须给婴儿取一个名字,做孩子的干爹、干妈;作为礼节,临走时还应留一点钱物给孩子,以后还要记住这个干儿子或干女儿。

5)彝族

(1)简介

彝族主要分布在云南、四川、贵州和广西壮族自治区。彝族有自己的语言文字,彝语属汉藏语系藏缅语族。彝族文字是一种音节文字,形成于13世纪。彝族的宗教信仰主要是自然崇拜与祖先崇拜,云贵地区部分彝族受道教和佛教影响。

彝族历史悠久，早在 2 000 多年前，彝族的祖先就生息繁衍在云贵高原和金沙江、澜沧江畔。公元 8—10 世纪，以彝族和白族为主体的南诏国政权建立。彝族的文献典籍卷帙浩繁，内容涉及哲学、史学、宗教、文学等诸方面。其中《西南彝志》是记述彝族历史、风俗的彝文书籍，被誉为彝族的百科全书；史诗《梅葛》描绘了先民开天辟地的经过，想象奇特，瑰丽多彩；长篇叙事诗《阿诗玛》是描写彝族青年男女的恋爱故事，诗中反映了彝族人民不畏强暴、追求自由和幸福的愿望。

彝族的传统民居被称为"土掌房"。这种"土掌房"一般以石块为房基，土坯砌墙，形成平台屋顶。平台屋顶滴水不漏，又可以晾晒谷物。"土掌房"冬暖夏凉，防火性能好，非常实用。

彝族服饰古朴、独特，生活在不同地区的彝族人民有不同的服饰习俗，大致可分为凉山型、乌蒙山型、红河型等。凉山的彝族成年男子往往在脑后留一绺长发，象征男性尊严不可侵犯，俗称"天菩萨"；他们还喜欢用青布包头，在前额处扎出一长锥形结，俗称"英雄结"，以示英武气概；凉山彝族姑娘的三节裙，是用三种不同花色的布料拼成，跳舞时宽宽的裙摆随风飘起，像一朵大大的喇叭花；而她们的花包头则被看作自由、幸福的象征。

彝族的食品主要为玉米、荞麦。彝族人喜欢饮酒、吃"坨坨肉"。饮酒时席地而坐，围成圆圈，依次轮流喝，称为喝"转转酒"；逢年过节，彝族姑娘还会抱出一坛酒，插上几根麦秆放在家门口的路边上，供来往过客饮用，称为喝"秆秆酒"。这两种喝酒的风俗体现了彝族人民热情好客的民族性格。每年的农历六月二十四日是彝族最隆重的火把节。这天，人们手执火把围绕住宅和麦田游行，然后燃起篝火，唱歌跳舞，村寨充满了节日的欢乐。

彝族的婚礼也很独特，大凉山彝族群众中至今仍普遍保留着"抢婚"的遗风。娶亲时，男方亲友由新郎兄弟率领，抬着礼品到女家迎亲；女方藏于门后，待迎亲者一到，便向他们泼水，当迎亲人靠近闺房时，女方又以锅灰抹在他们脸上；但若迎亲人摸到新娘的衣服，女方亲属就不再进行阻拦；这时新郎的兄弟就把新娘背上，冲出来直奔男家，女方亲属则追随其后，装作要抢回新娘，直到新娘远去，仪式才算结束。

彝族人民能歌善舞，民间流传着各种曲调，如爬山调、迎客调、娶亲调等。彝族的乐器有葫芦笙、马布、巴乌、口弦、笛、铜鼓等。彝族的舞蹈也颇具特色，如"跳歌"、"跳月"、"打歌舞"、"锅庄舞"等，其中"阿细跳月"是最流行的舞蹈之一：夜幕降临，在皎洁的月光下，小伙子们吹起短笛，弹起三弦，男女青年和着节拍，翩翩起舞，跳到酣畅时姑娘们会随手摘一片树叶含在嘴上吹起曲子，欢快的舞蹈直到月落方止。

（2）礼仪

彝族是一个文武并重、讲究文明礼貌的民族。长幼之间，不仅论年龄，还依据父家谱蝶或母系谱蝶的长晚来定，不许喊错。在特殊的公共场合里，就座排位要以辈数大小排列。长辈在场时发言不准抢先。彝族有"客人长主三百岁"之俗话，凡有客人来，必须让位于最上方，至少也要烟茶相待。

民间素有"打羊"、"打牛"迎宾待客之习。凡有客至，必杀牲待客，并根据来客的身份、亲疏程度分别以牛、羊、猪、鸡等相待。在杀牲之前，要把活牲畜牵到客人前，请客人过目后宰杀，以表示对客人的敬重。酒是敬客的见面礼，在四川凉山地区只要客人进屋，主人必先以酒敬客，然后再制作各种菜肴。待客的饭菜以猪膘肥厚大为体面，席间，主妇要时时关注客人碗里的饭，未待客人吃光就要随时加添，以表示待客的挚诚。吃饭时，长辈坐上方，晚辈依次围坐在两旁和下方，并为长辈添饭、夹菜、泡汤。

（3）节日

①火把节。彝族最盛大的节日是每年农历六月二十四举行的"火把节"。关于火把节的传说很多，其中有一个故事是这样传说的：古时候，彝族在抵御外族的战争中，将火把绑在羊角上，驱赶羊群冲入敌阵，击溃了前来侵犯的敌人，人们用火把节来纪念和庆祝战争的胜利。彝族过火把节，要举行摔跤、斗牛和歌舞活动；入夜，各村各寨都要燃起火把，人们手拿火把，朝火把上洒松香，相互祝福。

②插花节。每年农历二月初八是彝族的插花节。这一天，人们把采摘来的杜鹃花插在门前、屋后，挂在牛羊角上；彝家男女老少，人人戴花，表示抗暴除恶、祈求吉祥幸福；青年男女更是穿上节日盛装，聚集在一起，唱歌跳舞；如果相好的青年男女的一方将杜鹃花插在另一方的头上，即表示对对方的爱情矢志不渝。

③赛装节。赛装节每年农历三月二十八日举行。传说是纪念一位叫米波龙的彝族姑娘，她舍身除霸，死后变为美丽的小鸟。节日期间，当地彝族姑娘们身带数套花衣，齐聚在跳歌场，围成圆圈，在小伙子的月琴、唢呐伴奏下挽手起舞；跳一会退出跳舞场，换套新装又来跳，以此比试姑娘的灵巧、富足和美丽；彝族妇女不仅在帽子、衣服、围腰上绣花，而且还在挎包、鞋子、鞋垫上绣满了各种图案；各人的工艺、构图、用色都互不相同，各有千秋：风雨雷电、日夜星辰、山水木石、花鸟禽兽，各种人物都可以绣。

④虎节。农历正月初八至正月十五日过虎节，彝语称为"罗麻"。是日，全村成年男人于村后祭拜土主，经巫师占卜，选出8人。这8人披上画有虎斑纹的披毡，脸、脚、手上绘上虎纹，化装为虎，在黑虎头率领下跳各种模拟生产、生活、

生殖的舞蹈,到全村为各家各户驱鬼除祟,彝族语称为"罗麻乃轰"。"虎舞"(又称老虎笙)从正月初八开始,每日增一虎(伊始为8虎),增至15虎,即到正月十五日。"虎舞"时,以手执"崩咚"铃的长者做前导(也称垛西),伴虎者都作全身虎纹,披虎皮;如一时难得众多虎皮,就用毡子代替。全村户户敬香供"虎神",每户从门前到屋里都要跳虎舞;夜晚,田间村寨置起火堆,绕寨而舞;15只老虎都出场后,雌雄老小一应俱全(喻为"后有来着"),全村为来日的兴旺景象摆酒庆祝,狂欢一夜。

(4)禁忌

彝族人忌骑马遇人不下马;忌孕妇来往于他人婚礼中;未满月的婴儿忌见狐臭之人;不准用脚蹬锅庄石,更忌从火塘上方跨过;忌用粮食在手中抛玩;忌打布谷鸟;灵牌是祖灵的化身,禁外人挨近或不洁之物摆放其周围;忌订婚、过年时所杀的猪、羊等畜无胆汁或脾脏暗淡翻卷;忌杀牲时未先烧肉祭祖先,而先被狗、猫、鸡碰着。

火把节时,忌在田地中间随意走动,如此会招来虫灾,忌白天点着火把到处走动,忌从屋里相继点着两个火把走;家中有人出门远行,忌随后扫垃圾出门或说不吉利的话;忌在屋内弹口弦、吹口哨;禁砍神树或在神树旁高声喧哗打闹;忌锄、斧一起扛或搁放在一起;忌当着对方的面折断树枝、吐口水、打鸡、打狗、拍打头帕。

不许妇女抚摸男人的头,更不准从男人帽子上跨过;到彝族人家做客,不能坐在堆放东西和床铺的下方和左方;主人酒肉款待,客人要品尝,以示谢意。

忌用"胖"、"重"、"漂亮"之类赞词形容婴儿;忌在众人面前直言小便、大便、放屁、生育之类的话,更忌口头禅中带有类似两性生殖器内容的语言;忌翁媳间与兄媳间随意开玩笑;忌在人有病时说死伤之类话;忌无故恶语咒骂他人或禽畜树木。

禁食马、狗、猫、猴、蛇、蛙等肉;忌食搅拌时筷子折断的食物;准备杀羊时,羊突然叫起来的忌食;忌吃粮种;鸡跳过的饭菜忌食;忌用镰刀割肉而食;男子忌食推磨时磨轴折断的面粉;孕妇禁吃猪肉、兔肉;小孩禁吃鸡胃、鸡尾、猪耳、羊耳;禁吃鸡回肠等。

6)藏族

(1)简介

藏族主要分布在西藏自治区,其他如云南等省也有藏族居住,至今已有四五千年的历史。

藏族自称"蕃"。史载,西藏山南地区最早由氏族成员组成牦牛部,后由雅袭部落于公元 6 世纪称雄当地诸部,并最终由该部首领,称"赞"。松赞干布于 7世纪初统一整个西藏地区,定都逻娑(今拉萨),汉籍称"吐蕃"。松赞干布与唐朝联姻,从长安娶文成公主,接受唐朝封号,密切了唐、蕃关系,促进了藏汉民族间政治、经济、文化的交往。尤其是吐蕃赞普与唐朝公主的两次联姻,加大了吐蕃与唐朝在政治、经济、文化等方面的交往、认知,从而为元朝时西藏地方归属中国版图埋下了伏笔。

元朝在藏族地区设置由中央管理的三个宣慰使司都元帅府,管理包括西藏在内的全部藏族地区。

清朝在中央设置理藩院,管理西藏、蒙古等地事务。对西藏地区,正式册封了藏传佛教格鲁派两大活佛达赖喇嘛(1653 年)和班禅额尔德尼(1713 年),并任命驻藏大臣(1728 年)会同地方办理西藏地方行政事务。

民国历届政府都在中央设有管理蒙藏事务的专门机构。1934 年,国民政府在拉萨设立蒙藏委员会驻藏办事处,是中央派驻地方的专门机构。为反对帝国主义势力的侵入,近百年来,藏族人民和全国各兄弟人民一道同帝国主义者进行了艰苦卓绝的斗争,为祖国的统一、中华民族的团结作出了贡献。

1951 年 5 月 23 日,《中央人民政府和西藏地方政府关于和平解放西藏办法的协议》的签订,西藏在中国共产党领导下,从此走上了社会主义的建设道路。

(2)礼仪

藏族的礼仪是多种多样的,礼俗与佛教也有密切联系,主要有以下几种礼仪:

①献哈达。献哈达是藏族人民最普遍的一种礼节。婚丧节庆、拜会尊长、觐见佛像、音讯往来、送别远行等,都有献哈达的习惯。哈达是一种生丝织品,稀松如网,也有优良的、用丝绸做的哈达;哈达长短不一,长者一二丈,短者三五尺。献哈达是对人表示纯洁、诚心、忠诚的意思。自古以来,藏族人民认为白色象征纯洁、吉利,所以哈达一般是白色的。当然也有五彩哈达,有蓝、白、黄、绿、红色,蓝色表示蓝天,白色是白云,绿色是江河水,红色是空间护法神,黄色象征大地。佛教教义解释五彩哈达是菩萨的服装,所以五彩哈达只在特定的时候用。

哈达是在元朝时传入西藏的,萨迦法王八思巴会见元世祖忽必烈回西藏时,带了第一条哈达回来。当时的哈达,两边是万里长城的图案,上面还有"吉祥如意"字样。后来,人们对哈达又附会上宗教解释,说它是仙女的飘带。

②磕头。磕头也是西藏常见的礼节,一般在朝觐佛像、佛塔和活佛时磕头,也对长者磕头。磕头可分为磕长头、磕短头和磕头三种。

在大昭寺、布达拉宫及其他有宗教活动的寺庙中,常常可以见到磕长头的

人：两手合掌高举过头，自顶、到额、至胸，拱揖三次，再匍匐在地，双手直伸，平在地上，划地为号。过去，有些虔诚的从四川、青海各地来的佛教徒，一直磕长头到拉萨朝佛，行程数千里，三步一拜，一磕几年，有许多死在路途之中，也觉得至诚尽意，毫无怨言。大昭寺前的粗石板，已被磕长头的人磨光了。

磕响头时，不论男女老少，先合掌连拱三揖，然后拱腰于佛像脚下，用头轻轻一顶，表示诚心忏悔之意。

③鞠躬。过去遇见长官、受尊敬的人，要脱帽，弯腰45°。对于一般人或平辈，鞠躬表示礼貌，帽子放在胸前，头略低；也有合掌与鞠躬并用的，对尊敬者合掌得过头，弯腰点头；回礼动作也相同。

④敬酒茶。逢年过节，到藏族家里做客，主人便会敬酒。请喝青稞酒，是农区的一项习俗。青稞酒是不经蒸馏、近似黄酒的水酒，度数15～20度，西藏几乎男女老少都能喝青稞酒。敬献客人时，客人必先喝三口再一满杯喝干，这是约定俗成的规矩，不然主人就不高兴，会认为客人不懂礼貌或认为客人瞧不起他（她）。喝茶则是日常的礼节，客人进屋坐定，主妇或子女必来倒酥油茶，但客人不必自行端来喝，得等主人捧到你面前才接过去喝，这样，才算是懂得礼貌。

以上是藏族礼仪中最常见、最普遍的情况，其他还有称呼上的礼节，如尊称别人时，一般在他的名字后面加一"啦"字。藏语还有敬语和非敬语之分，用敬语，对尊者或客人说话，表示尊敬对方。其次，在吃饭方面，还有"食不满口、咬不出声、喝不作响、拣食不越盘"的规矩。行路时，不抢在他人前面，相遇必先礼让。坐时不能抢主宾席，不能东倒西歪，不能随便伸腿等。这些是一般长辈教育子女时的礼仪。

（3）节日

藏族节日文化是中华民族民俗文化中的一朵奇葩，它是以文化活动、文化产品、文化服务和文化氛围为主要表现形式，以民族心理、伦理道德、精神气质、价值取向和审美情趣为深层底蕴，是藏族民俗文化、古代文化、宗教文化的重要组成部分。藏族节日的起源和性质是多样化的，虽然大部分和藏族人民崇信的佛教有关，但从藏族节日文化中可以追寻藏汉历史文化的概貌和藏汉文化交流的历史线索。这些生动活泼的节日表明：中华民族文化是由56个兄弟民族文化所构成的既多样而又具有统一特质的伟大文化。因此，藏族节日文化是藏族社会历史的一面镜子，又是一幅恢宏壮观的藏族风俗画卷。

①年节。藏历年的确定，是与藏历的使用密切相关的。藏历年的正式使用，是在950多年前，即农历丁卯年（公元1027年）开始的，从此，藏历的用法便沿袭下来。

藏族人民从藏历十二月份就做过年的准备,家家户户开始在盆中浸泡青稞种子;到了除夕晚上,各家在佛像前摆好各种食品,为了使节日期间有充足、丰富的食品,这天晚上,全家人忙碌到深夜;农历初一为藏历新年的第一天,他们做的第一件事,就是各家派人到河边背回新年的第一桶水——吉祥水;从初二开始,亲朋好友彼此走访,拜年祝贺,此活动持续三五天;藏历新年期间,在广场或空旷的草地上,大家围成圈儿跳锅庄舞、弦子舞,在六弦琴、锣等乐器的伴奏下,手拉手、人挨人地踏地为节、欢歌而和,孩子们则燃放鞭炮,整个地区沉浸在欢乐、喜庆、祥和的节日气氛之中。

②牛王会。藏族人民认识到牛在农业生产中的重要地位,他们在日常劳动中培养出对牛的浓烈情感,从而出现了大量的牛文化现象,他们视牛为神,以牛为献祭神灵的最佳牺牲,于是牛王会也就出现了。牛王会从农历八月十五日开始,一般延续10多天,有时甚至历时一个月之久,人数常达千人以上。在牛王会期间,人们请黑叭(巫师)念经,吹牦牛角,宰杀数十头牦牛或上百只羊,狂欢滥饮,无比热闹。由于牛王会耗资巨大,所以近百年来仅举行过一次大规模的牛王会。参加牛王会的成员都具有共同的血缘关系,它还属于祖先崇拜的文化节日之列。

③传昭大法会。传昭大法会是西藏最大的宗教节日。届时拉萨哲蚌寺、色拉寺、甘丹寺三大寺的僧人都集中在拉萨大昭寺。此法会是格鲁派创始人宗喀巴大师于1409年在拉萨举行的祈祷大会而延续下来的,并举行格西学位考试,西藏其他地方的佛教信仰者也前来朝佛。此后,规模不断地扩大和丰富,使祈愿大会成为一个固定的宗教节日,十分盛行,直到今天。

④沐浴节。沐浴节是藏族人民的一种传统节日,在藏历的七月上旬举行,在西藏至少有七八百年的历史。藏族人民认为,按佛教说法,青藏高原的水具有八大优点:一甘、二凉、三软、四轻、五清、六不臭、七饮不损喉、八喝不伤腹,因此藏历七月份被人们称为沐浴的最佳时间。藏族沐浴节要进行五六天。节日期间,无论城镇还是乡村,农村还是牧区,人们携带帐篷和酥油茶、青稞酒、糌粑等食品,纷纷来到拉萨河畔、雅鲁藏布江边,来到青藏高原千江万湖旁争相下水,尽情在水中嬉戏、游泳。沐浴节是藏族人民民间文化的杰作,它跨越时间长,流播地域广,直到今天还充满着勃勃生机和活力,还吸收了大量的娱乐文化,从而使当今的沐浴节,演变成一个集宗教、娱乐、健身于一体的综合性社会节日。

⑤雪顿节。"雪顿"的意思就是酸奶,"雪顿节"是西藏最大的传统节日之一,在17世纪以前是一种纯宗教的节日活动。按藏传佛教格鲁的规定,每年的藏历六月为禁期,全藏大小寺院的僧尼不准外出,以免踏伤小虫,到藏历七月一

日解禁的日子,他们纷纷下山,这时农牧民要拿出准备好的酸奶敬献,这就是雪顿节的由来。

节日期间,藏族人民三五成群,男女老少相携,背着各色包袱,手提青稞酒桶,有的还搭起帐篷,地上铺上卡垫、地毯,摆上青稞、菜肴等节日食品涌入罗布林卡内。近年来,自治区各机关单位还将大型文艺活动、学术研讨、经贸交流会安排在雪顿节期间,使场面更加热闹非凡。

⑥望果节。一年一度的"望果"节是藏族人民庆祝农业丰收的节日。"望"藏语意思是田地、土地,"果"意为转圈,"望果"节可译为"在田地边上转圈的节日"。

望果节广泛流行于西藏农区。节日这天,藏族人民身穿节日盛装,有的打着彩旗,有的抬着青稞、麦穗扎成的丰收塔,丰收塔上系着洁白的哈达,举着标语,有的敲锣打鼓,唱着歌曲和藏戏,有的抬着毛主席像,绕地头转圈;之后,人们一边说古道今,一边狂欢畅饮;有的还举办传统的赛马、射箭、赛牦牛、骑马拾哈达和歌舞、藏戏比赛。望果节过后,开始了紧张的秋收播种。

(4)禁忌

藏族人绝对禁吃驴肉、马肉和狗肉,有些地区不吃鱼肉。

敬酒时,客人先用无名指蘸酒弹向空中,连续三次,以示祭天、地和祖先,接着轻轻喝一口,主人会及时添满,喝一口再添满,连喝三口,至第四次添满时,必须一饮而尽。

禁忌在别人后背吐唾沫,拍手掌;忌讳用手触摸别人头顶。

行路遇到寺院、玛尼堆、佛塔等宗教设施,必须从左往右绕行;不得跨越法器、火盆、经筒,经轮不得逆转。

老年妇女不食当天宰杀的肉食;家中有危重病人或家庭不顺时,在户外插上青枝、柏叶,或在石头上放红线,以示谢绝客人;屋内不准吹口哨,唱情歌;年尾忌"债翻年",年头忌要债;妇女忌在炉灶上站立、蹲坐;妇女忌外出不披披肩;家中佛坛不允许别人乱摸,也不得随便指问;忌用筷子吃奶渣和酸奶,忌烧奶渣吃;主人及客人在火塘上首位就座,只能盘坐或跪坐;不准随便跨越火塘;不准在神龛上放杂物。

忌在长辈、尊者及父母面前讲丑话脏话;忌在家中讲不吉利的话,特别是喜庆佳节;忌用下流秽语咒人;忌用不吉利的语言骂牲畜。

另外,忌打杀鹤、雁、鹰、雕、乌鸦、家狗、家猫等;雨季,忌在高山上砍伐木材或高声喊叫;在防霜防雹期,忌火化尸体等。

7) 蒙古族

（1）简介

蒙古族主要聚居于内蒙古自治区和新疆、青海、甘肃、黑龙江、吉林、辽宁等地，其他散居于宁夏、河北、四川、云南、北京等地。

蒙古语属阿尔泰语系蒙古语族。13 世纪初由回鹘字母创制了蒙古文字，经多次改革，成为今天规范的蒙古文。蒙古族人多信仰喇嘛教。

蒙古的称谓最早见于唐代，那时只是蒙古众多部落中的一个部落的名称。这个部落的发祥地在额尔古纳河东岸一带，以后逐渐西移。各部落之间竞相掠夺人口、牲畜和财富，形成了无休止的部落战争。1206 年铁木真被推戴为蒙古大汗，号成吉思汗，建立了蒙古国，统一了蒙古族各部落，统一了中国，建立了元朝，不断扩大其疆域。自元代以来，蒙古族人民在中国的政治、军事、经济、科学技术、天文历算、文化艺术、医学等各个方面都作出了重大贡献。

（2）礼仪

热情好客，待人诚恳，是蒙古族人民的传统美德。

①见面礼。见到客人边握手、边问好："塔赛奴！"（您好）客人进入蒙古包后，家庭主妇便向客人双手敬献喷香的奶茶，同时摆上黄油、奶皮子、奶豆腐、奶酪、炒米等食品，供客人食用。晚饭是手把肉、美酒、面条或蒙古包子等。客人告别时，全家出蒙古包欢送，祝客人一路平安，欢迎再次光临。现在的农区一般也同汉族一样，用各种炒菜加美酒招待客人。

②献哈达。献哈达是蒙古族人民的一种传统礼节。哈达是一种礼仪用品，拜佛、祭祀、婚丧、拜年以及对长辈和贵宾表示尊敬时都需要使用哈达。哈达以丝绸为料，一般为白色、浅蓝色和黄色；长度通常为 1.6665 米左右，宽度不等；有的绣有"云林"、"八宝"等民间花纹图案。对长辈献哈达时，献者略弯腰向前倾，双手捧过头，哈达对折起来，折缝向着长者；对平辈，双手平举送给对方；对小辈，一般将哈达搭在脖子上。

③敬鼻烟壶。敬鼻烟壶是蒙古族牧民的一种日常见面礼。鼻烟壶用玉石、象牙、水晶、玛瑙、翡翠、琥珀和陶瓷等制成。晚辈同长辈相见时，晚辈曲身鞠躬，双手捧着鼻烟壶，敬献长辈，长辈用左手接受，闻后归还；同辈相见时用右手相互交换鼻烟壶，双方闻后归还。

④婴儿礼仪。蒙古族非常重视婴儿的诞生，不论生男生女，都要举行种种仪式，以示庆贺。如果生了男孩，在包门右侧悬挂弓箭；生女孩，则在左侧系上一块红布条。关于婴儿的主要仪式包括：

一是洗礼。蒙古族很早以来就有为新生儿举行"洗礼"的仪式。一般在出

生后的第三天举行,有的在第六或第七天举行。仪式是:用水给新生儿洗礼后,用奶油涂抹婴儿全身,为婴儿祈福,蒙古语称为"米喇兀"。在仪式上准备丰盛的饭菜招待亲朋好友,并演唱摇篮曲,但在筵席中不可以喝醉,并在日落前离开主人的家。

二是满月。婴儿满月时还要举行小型的仪式,规模大小不一,有的只请亲戚好友,有的则邀请邻居甚至请歌手来助兴。满月既是对孩子出生的庆贺,更是对未来成长的祝福,因此较为隆重、热烈。宴会开始时,父亲要以孩子的名义给每个人敬酒,孩子的母亲则抱着孩子给每个人叩头。来祝贺的人都要带小礼物,一般为食品、衣物。蒙古民族小孩满月时可以剃掉胎发,但不能全剃,脑门上要留一撮胎发,意为可以保命。

三是过百日。新生儿满一百天,为孩子举行"过百日",亦称"过百日关"的庆贺仪式。过百日也要请亲友来参加,来客都要备上贺礼,主人则要摆宴席,其意在祝福婴儿茁壮生长,长命百岁。

四是生日。过生日的仪式热烈、祥和。孩子由父母抱着给每位参加者叩头行礼,参加者亦都有馈赠。此外,还要进行"抓岁"游戏:即在一盘内放上食品、衣物、书、笔等;若为男孩,要放入小形佛像、弓、箭、火镰、蒙古刀、马鞭等;若为女孩,则放入针线、金银、玉石、手镯等;孩子抓到之物,就是他将来最喜欢或最擅长的。

(3)节日

蒙古族的传统节日主要有旧历新年,蒙古语为"查干萨仁",即白色的月。夏季水草丰茂、牛羊肥壮的时节,草原要举行那达幕大会,具体时间自定。这种节日性活动,规模可大可小,甚至一个家庭就可以举办。届时方圆几十千米、上百千米内的牧民都会举家骑马赶车前去参加。其他节日还有由生产活动、宗教祭祀仪式演变成的祭敖包、马奶节、剪羊毛节等。

①蒙古族年节。蒙古族的年节亦称"白节"或"白月",这与奶食的洁白紧密相关。关于蒙古年节传说不一。据史书记载,自元朝起,蒙古族接受了汉族历法,因此,蒙古族白月与汉族春节正月相符,这就是蒙古族过"春节"的由来。蒙古族年节,虽然与汉族春节一致,并吸收了一些汉族习俗,如吃五更饺子、放鞭炮等,但也有很多蒙古族传统习俗,如除夕吃"手把肉"。即使是农区蒙古族,在肉食比较困难的情况下,也要吃一顿"手把肉",以示合家团圆。初一凌晨晚辈向长辈敬"辞岁酒";亲朋间互赠哈达,恭贺新年吉祥如意。

②那达幕。那达幕蒙古语意为"游戏"或"娱乐",原指蒙古族传统的"男子三竞技"——摔跤、赛马和射箭。随着时代的发展,逐渐演变成今天的包括多种

文化娱乐内容的盛大庆典活动。历史上的那达慕不受时间限制,通常在祭祀山水、军队出征、凯旋、帝王登基、正月以及大型庆典等场合举行。如今的那达慕,每年在夏秋之交举行,一般是看当年牧业的生产情况,小丰收小开,大丰收大开。活动内容除了传统的"男子三竞技",还有文艺演出、田径比赛和各类经济文化展览以及订货洽谈、物资交流等。

③马奶节。马奶节是蒙古族传统节日,以喝马奶酒为主要内容,欢庆丰收,彼此祝福;流行于内蒙古锡林郭勒盟和鄂尔多斯市的部分牧区,通常在农历八月下旬举行,日期不固定,为期一天;除准备足够的马奶酒外,还以"手把肉"款待宾客,并举行赛马活动,请民间歌手演唱祝词,向老蒙医献礼等。

(4)禁忌

蒙古族崇拜火、火神和灶神,认为火、火神或灶神是驱妖避邪的圣洁物。因此,进入蒙古包后,禁忌在火炉上烤脚,不许在火炉旁烤湿的靴子(鞋子);不得跨越炉灶或脚蹬炉灶;不得在炉灶上磕烟袋、摔东西或扔污物;不能用刀子挑火,不得将刀子插入火中或用刀子从锅中取肉。

蒙古族认为水是纯洁的神灵。因此,忌讳在河流中洗手或沐浴,更不许洗女人的脏衣物,或者将不干净的东西投入河中;草原干旱缺水,逐水草放牧,无水则无法生存,所以牧民习惯节约用水,注意保持水的清洁,并视水为生命之源。

牧民家有重病号或病危的人时,一般在蒙古包左侧挂一根绳子,并将绳子的一端埋在东侧,说明家里有重患者,不待客。

蒙古族妇女生孩子时的忌讳,各地习俗大同小异:生孩子时不让外人进产房;一般要在屋檐下挂一个明显的标志:生男孩子挂弓箭,生女孩则挂红布条,客人见此标志即不再进入产房。

牧民虽好客,但做客的忌讳也比较多。要在蒙古包附近勒马慢行,待主人出包迎接,看住狗后再下马,以免狗咬伤人;客人千万不能打狗、骂狗,蒙古族认为狗是人类的朋友;出入蒙古包时,绝不许踩蹬门槛,在古代,如果有人误踏蒙古可汗宫帐的门槛,即被处死,这种禁忌习俗一直延续到现在;客人进蒙古包时,要注意整装,切勿挽着袖子或把衣襟掖在腰带上;也不可提着马鞭子进去,要把鞭子放在蒙古包门的右边,并且要立着放;进入蒙古包后,忌坐佛龛前面,否则主人就会冷待客人,并认为客人不懂礼俗,不尊重民族习惯。

蒙古族忌讳生人用手摸小孩的头部,他们认为生人的手不清洁,如果摸孩子的头,会对孩子的健康发育不利。

8) 白族

(1) 简介

白族绝大部分居住在云南省大理白族自治州,其他散居在云南省怒江、澜沧江及其他各地。四川省西昌、贵州省毕节、湖南省桑植等地也有少数白族散居。白族聚居的大理地区地处云贵高原的西北部,大部分属西南峡谷区,为横断山脉的南端,西高东低,地形、地貌、气候特色截然不同,大部分地区属低纬度高原季风气候。居于中部的、海拔 4 124 米的著名景点苍山与被称为白族文化摇篮的洱海有"银苍玉洱"之美誉。

白族自称"白子"、"白尼"、"白伙",汉语意为"白人"。新中国成立后,根据民族意愿,统称白族。

白族共同体的形成是在大理国时期。早在新石器时代,白族先民已在洱海地区生息繁衍,过着半穴居生活;秦汉时期,洱海地区同内地关系日益密切;公元前 109 年,西汉王朝向这里大批移入汉民,将汉族先进的生产技术传到这里;东汉时改属永昌郡管辖,并在此设立姚州都督府,后建立了以彝、白先民为主体的南诏奴隶制政权;公元 907 年,建立了以白族段氏为主体的"大理国",并与宋朝以臣属关系相处;1253 年,元朝在云南建立行省,在大理地区设置大理路和鹤庆路;明朝改为大理府、鹤庆府,实行改土归流政策;清代继续沿袭明代这一政策,但在边远山区委任了一批土官和土司。新中国成立前,白族地区社会发展不平衡,封建地主经济占绝对优势,在一部分地区特别是少数市镇和公路交通沿线,资本主义经济已有相当发展,而一部分山区尤其是高山地区,还存在封建领主经济以及原始公社和奴隶制残余。

历史上,白族人民曾举行过多次反帝反封建的斗争:1884 年的中法战争中,白族爱国将领杨玉科率领众多白族子弟入越参战,曾大败法军,最后以身殉国;在第一次国内革命战争中加入中国共产党的白族优秀儿女张伯简、赵琼仙、施滉等,先后为革命献身;东北抗日民主联军的著名领导人周保中将军在抗击日本帝国主义侵略和解放东北的战争中建立了不朽的功勋;解放战争时期,许多白族优秀儿女参加中国人民解放军滇桂黔边区纵队,为解放云南作出了重大贡献。

(2) 礼仪

白族热情好客,先客后主是白族待客的礼节。家中来了客人,以酒、茶相待。著名的"三道茶"就是白族的待客礼。但白族人倒茶一般只倒半杯,倒酒则需满杯,他们认为"酒满敬人,茶满欺人"。在喝酒方面,白族很文雅,通常是各自随意。受到白族人民热情款待时,要说"谢谢"表示你的感谢之情。尊敬长辈是白族的传统美德:见到老人要主动打招呼、问候、让道、让座、端茶、递烟;起床后的第一杯早茶要先敬给老人;吃饭时要让老人坐上席,由老人先动筷子;在老人面前不说脏话,不跷二郎腿。一些山区的白族,家庭成员各有比较固定的座位,一般男性长辈坐在桌子的左上方,女性长辈坐在右上方,客人和晚辈坐下方和左方。白族在对人的称谓前喜欢加个"阿"字表示亲切和尊敬。

（3）节日

①三月街。三月街又名"观音节"。相传观音开辟了这个地区,使这里"五谷丰登",人们为纪念观音的功绩,定这个时间在这里聚会。据载已有一千多年的历史,每年夏历三月举行,地点在大理城西苍山中和峰脚下。节日内容原是佛教庙会,举办隆重的讲经拜佛活动。近年来,已逐渐演变成物资交流会。每到会期,各族人民云集这里进行贸易,举行赛马、射箭、歌舞等活动。

②火把节。每年夏历六月二十五日举行,是白族人最隆重、最盛大的节日。这天,每个村寨都要竖立高大火把,各家立起小火把。夜幕降临,大小火把一齐点燃,犹如千万条火龙在漫山遍野奔驰,人们游行田间,捕虫灭害。刚生婴儿的家庭,在大火把下请乡亲们喝"喜酒",祝贺母子平安。

③绕三灵。盛大的"绕三灵"聚会,在每年夏历四月下旬举行,历时三四天。这是白族人民的传统节日。白族信仰本主神,认为它是诸神中的主神,为一村的本主。在各个本主中又有一个最高的神中之神,即南诏大将。大理国段氏祖先段宗旁,其所居之庙称为神都,建于上阳溪圣源寺,并举行隆重的宗教仪式朝拜最高本主神,俗称"绕三灵"。"绕三灵"期间七十多个村的上万男女老幼,身穿民族盛装,弹奏着乐器,边唱边舞,循着苍山之麓齐集"神都"圣源寺,展开各种祀神的文艺活动。参加者各怀不同的心意到这里祈求朝拜。其中多为男女青年,他们来时打扮得十分艳丽,手里拿着柳枝、鲜花,打着"霸王鞭",唱着大本曲,敲着八角鼓,使整个"绕三灵"的活动充满节日气氛。晚上,人们在寺庙周围的山林地上休息。青年男女谈情说爱,他们双双对对,隐藏在树木丛中,一唱一和,沿着洱海边行边唱,经过洱河灵帝的本主庙,然后到马久邑保景帝和公主的本主庙,整个过程都载歌载舞。如此延续三四天,"绕三灵"会才告结束。

④耍海会。云南洱海沿岸的白族人民,每年农历六月二十四日都要举办一次传统的耍海盛会。每年到了这一天,白族人民身穿盛装,撑起花伞,从四面八方乘船或步行赶来耍海。在耍海的日子里,洱海里白帆点点,岸上人山人海。人们吹起唢呐,唱着《大本曲》,对着调子,舞动霸王鞭,跳起仙鹤舞,尽情欢乐。同时,举行一年一度的"赛龙舟"活动,龙舟一般用洱海大型的木船改装而成,在长约10米、宽约3米的风帆上,披红挂绿、张灯结彩。桅杆上扎有五颜六色"连升三级"的大斗,并拴上铜锣,尾舵上竖有松枝,船舷上画着叱咤风云的"黄龙"和

"黑龙",中间镶嵌一面圆"宝镜"。

⑤火把节。每年夏历六月二十五日,是白族人民盛大的"火把节"。这个节日是白族人民秋收前夕预祝丰收的节日。这天晚上,家家门口都要竖小型火把一个,每村村口要竖大火把一个或几个。上面插红、绿彩旗,写着"五谷丰收"、"人畜平安"等吉利大字。火把点燃后;各村寨一片光亮,犹如白天一般。然后各村寨的群众,持火把,绕田间穿行一周,烧灭害虫,以求庄稼丰收;各村寨的龙舟竞发,人们唱着赛舟调,祝愿风调雨顺,五谷丰登。

(4)禁忌

白族有许多禁忌。白族人家的火塘是个神圣的地方,忌讳向火塘内吐口水,禁止从火塘上跨过;白族人家的门槛忌讳坐人;男人所用的工具,忌妇女从上面跨过;家庭内忌讳戴着孝帕的人进入,认为这样会给家庭带来不洁;大理的白族大年初一不准动刀、挑水、扫地。

大年三十,必须把借给别人的东西要回来,否则来年挣钱不顺,粮食不丰;如果借了别人的东西,也必须在大年三十之前还给别人;大年初七为女人节,妇女不做饭,不背水,也不做其他劳动,而是尽情玩耍;大年初九为男人节,男人休息;怒江的白族大年三十晚饭前祭祖时,忌外人在场;云龙县的白族,七月半这天不准人们到处乱走。

9)傣族

(1)简介

傣族主要聚居在西双版纳州和德宏州,临兴的耿马、孟定,思茅的孟连,玉溪的新平等30多个县也都有分布。傣族自称是"傣",意为酷爱自由与和平的人。傣族有水傣、旱傣和花腰傣之分。

傣族历史悠久,文化丰富多彩,有自己的历法、语言文字,使用傣语,属汉藏语系壮侗语族壮傣语支。本族有拼音文字,各地不尽相同,有着丰富的民族民间文学艺术。音乐、舞蹈、民歌、民间传说故事等富有民族特色,影响甚广。傣族主要聚居在热带、亚热带的平坝地区,村寨多临江河湖泊,住宅通常每户一座竹楼,竹篱环绕,果树、翠竹掩映,环境十分优美。四周田地肥沃,特产丰富。傣族人民性格温和,喜爱歌舞。

傣族历史悠久,远在公元1世纪,汉文史籍就有关于傣族先民的记载。公元109年,汉武帝开发西南夷,建置益州郡,傣族地区是益州郡的西南边疆。公元69年,增设永昌郡。傣族地区属永昌郡管辖。当时,傣族先民的首领曾多次派遣使者,带着音乐师和魔术家来到东汉王朝的首都洛阳奉献乐章,表演新颖的技艺,博得了东汉王朝的赞赏与欢迎,被赐予金印、紫绶,其首领还被封为"汉大都尉",从而和东汉王朝建立起政治上的隶属关系。公元8—13世纪,傣族地区先后隶属于以彝族、白族为主体建立的云南南诏蒙氏政权和大理段氏政权。元代,傣族地区隶属于云南行省,开始在民族地区实行土司制度,在云南西部傣族地区设置金齿宣抚司,管辖德宏等地傣族,在南部傣族地区设置彻(车)里军民总管府,管辖西双版纳等地。明代,又在元代的基础上加以巩固,在西部设麓川平缅宣慰司,在南部设车里军民宣慰司,并设较小土司区,全面推行土司制度,在广大傣族地区任用世袭的土司、土官,大大加强了元、明王朝对傣族地区的统治。清代,基本上沿袭元明旧制,但在社会经济较为先进的内地傣族地区实行"改土归流"政策,委派流官进行直接统治。

（2）礼仪

傣族地方河流沟渠纵横,水潭池沼亦到处都是,但这些水一般不饮用,只作沐浴、洗衣之用。傣族很重视水源的清洁,游客严禁在村寨水井处丢弃杂物。

傣族还保存本民族的原始信仰,在放水、撒秧、栽秧、收获时都要举行祭祀。例如6月举行"祭龙"(干莫),意为驱逐害虫,迎接栽秧,祈祷丰收。举行"祭龙"仪式期间,本村人不能走出村寨,外村人不能进入本村。

（3）节日

傣族的重大节日有泼水节、关门节和开门节,均与佛教有关。关门节和开门节是全年最大的"斋赕"时期,各地都举行盛大的"赕佛"活动和隆重的佛教典礼,人们都要向佛奉献食物、鲜花、经书、衣物和钱币,带有浓厚的宗教活动色彩。

①泼水节。泼水节是傣族重大的传统节日,是傣历的新年,即傣历六月二十四日到二十六日(夏历四月中旬),节期三五天。节日清晨,男女老幼沐浴更衣,到佛寺赕佛,即给佛像洒清水洗尘,然后互相泼水,除疾消灾,后演变为以泼水为戏的节日。节日期间还举办赛龙舟、放高升等娱乐活动,期望从此驱走昔日的灾难和病魔,祈求新的一年风调雨顺、五谷丰登、人畜两旺。

②开门节。开门节傣语叫"出洼",意为佛主出寺,是云南傣族的传统宗教节日,每年傣历十二月十五日举行,其活动内容与关门节大多相同。傣历十二月十五日,将进洼时摆在佛座后面的东西拿出烧掉,表示佛已出洼;十六日和尚出洼,全家男女老幼到奘房拜佛;十七日举行盛大的"赶朵"活动,因为这天佛到西天讲经3个月后返回人间,所以各村各寨都要鸣锣敲鼓,举行盛会,迎接佛祖,同时还要在奘房内向佛忏悔一年来的罪过,和尚们趁此时向青年男女宣传教义。

开门节时,农忙已过,天气渐冷,佛教活动也不太多,青年们便可谈情说爱或结婚,成年人则出外办事或串亲访友。这时节是傣族文化娱乐活动最多的时候。人们放火花、点火灯、放高升、环游各村寨,十分热闹。

③关门节。关门节傣语叫"进洼",意为佛主入寺,是云南傣族传统宗教节日,每年傣历九月十五日(农历七月中旬)开始举行,历时3个月。相传,每年傣历九月,佛到西天去与其母讲经,3月后才能重返人间。有一次,正当佛到西天讲经期内,佛徒数千人到乡下去传教,踏坏了百姓的庄稼,耽误了人们的生产,百姓怨声载道,对佛徒十分不满。佛得知此事后,内心感到不安。从此以后,每遇佛到西天讲经时,便把佛徒都集中起来,规定在这3个月内不许到任何地方去,只能忏悔,以赎前罪,故人们称之为"关门节"。

"进洼"活动经历代沿袭发展,形成了固定的几项活动。每年傣历九月十五日凌晨,奘房(佛寺)击鼓为号,宣布佛进奘房。教徒此时须立即起来,或在床上坐一下,当老人把谷花、香、烛、钱纸包成一包,送到奘房佛的后座之后两小时,奘房再次击鼓,教徒才可重新睡觉,老人则在奘房守到天亮。十六日众教徒进洼拜佛。第八天,家家送饭菜供佛,然后请和尚念平安经,讲历史故事,听了受到感动,便当场捐功德。"进洼"活动的3个月中,逢初八、十五、二十三、三十,每家老人要进奘房拜佛一次,头天晚上他们即睡在寺内特设的房屋里,由年轻人送饭去给老人吃。这些活动相沿成俗,以后每到关门节这一天,人们都要举行盛大的赕佛(即斋僧献佛)活动,以食物、鲜花、蜡条、货币等向佛奉献。在这3个月内,每7天还要"小赕"一次。

关门节开始后,也就进入农事繁忙季节,为了集中精力从事生产劳动,人们定下许多戒规:禁止青年男女谈情说爱和嫁娶活动;和尚不得随便外出;进奘拜佛的人不能远离家庭或到别家去过夜;任何人不得进佛屋、上佛台拿佛的东西等。直到3个月后,即开门节时,人们才又恢复关门节前的一切正常活动。

④巡田坝节。巡田坝节是云南省绿春县骑马坝一带的傣族民间传统节日,每年农历正月十三日举行,节期一天,是当地傣族独特的传统节日。农历正月十三日清晨,当朝阳映照在傣家水乡时,能歌善舞的傣族男女穿上节日的盛装,汇集到寨子中心的大青树下,锣声震天响,歌手捧着喷香的米酒,亮开嗓子唱起迎春曲、四季歌;群众踩着鼓点跳起传统的对扭舞,整个坝子一片欢乐。直到太阳升到高空,歌舞会才接近尾声。这时,一位长者宣布:"巡田坝开始!"陶醉在歌舞中的人们马上组成了一个很有秩序的队伍:杠彩旗的8个年轻人领先,后面的人一路吹着喇叭;有的敲着锣鼓,鸣放着鞭炮、火药枪,徐徐向田坝走去。按预定的路线走完后,人们便聚在一起制定春耕大忙时期的村规民约,以保证春耕能按节令完成。

⑤花街节。花街节又叫"热水塘花街节",是云南省元江一带傣族的民间传统节日,每年农历正月初七举行,节期一天,主要目的是除旧迎新。节日早上,太

阳初升之时,男女老少身着节日盛装,纷纷汇集到元江东岸的热水塘草坪,欢歌笑语庆贺节日。老人们谈古话今,青年们唱歌跳舞,小孩子追逐游戏,尽情欢乐。人们还纷纷去热水塘的温泉沐浴,除去旧年的污秽,干干净净、清清爽爽地迎接新的一年。这一天,未婚青年男女还举行对歌,寻找伴侣。

(4)禁忌

西双版纳小乘教规定,男人一生中要过一段脱离家庭的宗教生活,在社会生活中遇到难事,才能解除苦难,从降生到成人后才会有社会地位。凡是男孩,在七八岁时都要到佛寺里当一段时期的和尚,称为"小和尚"。"小和尚"在佛寺里生活要自理,要劳动,还要学习佛教经书,进行严格的修身教育。两三年后可以"还俗",还俗后的男子才可以结婚成家。若未当过"和尚"的男人,被视为生人或野人,在社会中没有地位。在寺院修身时,不准与女人谈笑,不准外人抚摸小和尚的头(这和汉族喜爱儿童抚摸头完全相反)。若被外人(特别是女性)摸过头,"小和尚"修身时间一切作废,必须从头开始。

傣家住宅,都习惯住在楼上,而楼上卧室只有一块隔板与客厅相分,卧室中没有隔板分成小间,几代人都住在里面,是用蚊帐分开,中间有一定间隔,分门进出。卧室是不容外人窥看的,过去的习俗规定,若主人发现外人窥看主人的卧室,男人就要做主人的上门女婿,或到主人家做3年苦工,即使是女客人也要到主人家服役3年。因此,游客无论到傣家参观或做客,千万不要因神秘感而窥看主人的卧室,虽然现在打破了过去的俗规,但窥看傣家卧室始终是不受欢迎的。

傣家楼上有三根柱子,卧室中的两根,靠外的一根叫"吉祥柱"可以靠着休息;靠里的一根是人死后用的,称为"升天柱",家中的人死了,家人把死去的人靠在这根柱子上(不分男女)沐浴、穿衣、裹尸体,等候火葬;火塘边的一根是绝对不允许靠的,那是傣家的"顶天柱",若靠了柱子意味着不尊重主人。

进佛寺必须脱鞋;进门后要按照辈分大小、资历深浅,依次而坐;不能用凳子做枕头,因为凳子只供人坐;不能用脚跨过火塘,不能随意移动火塘里支锅用的铁"三脚架";在街上买菜时,不能用脚指菜来讨价还价;不能踩和尚的影子,更不能摸他们的头,傣族认为"头"是人的首领;上楼脚步要轻,晚上不能吹口哨;大庭广众面前不能说别人的坏话;妇女产后不满月不能到别人家去玩;家中有丧事,未出丧不准到任何人家去。

CANKAO WENXIAN
参考文献

[1] 陈继光. 礼貌礼节礼仪[M]. 广州:中山大学出版社,1997.

[2] 国家旅游局. 旅游服务礼貌礼节[M]. 北京:旅游教育出版社, 1998.

[3] 唐铁军. 公务员礼仪修养[M]. 成都:西南财经大学出版社. 2006.

[4] 周朝霞. 营销礼仪[M]. 北京:中国人民大学出版社,2006.

[5] 刘小清. 现代营销礼仪[M]. 大连:东北财经大学出版社,2006.

[6] 范进. 职业礼仪培训手册[M]. 广州:广东经济出版社,2006.

[7] 金正昆. 公关礼仪[M]. 西安:陕西师范大学出版社,2007.